저 산이 나를 부르는데

저 산이 나를 부르는데

글쓴이 | 신대영 · 사진 | 장문수

양서각

들어가며

"지혜를 구하고자 하는 이는 물을 가까이 하고, 덕을 쌓고자 하는 사람은 산을 찾아라." 젊은 시절 탐닉했던 공자의 요산요수樂山樂水를 인용했을 어느 노 교수의 에세이 중 한 구절이다.

젊은 시절의 나는 틈만 나면 발길을 산으로 옮기곤 했다. 당시 심취해 있었던 도연명의 '귀거래혜사'의 영향을 받아 전원으로 귀의하고 싶은 욕망 때문이었을 수도 있고 복잡한 사회생활을 회피하고 싶은 내 안의 나약함 때문이었을 수도 있다.

그러나 사회의 회용돌이에 묻혀 동화되어 갔고, 어쩌면 회용돌이의 탈출로가 산이라고 믿고 싶었는지도 모르겠다. 요즘도 어떤 부딛치는 일이 있으면 산에 오르곤 한다. 산에 오르면 명쾌한 답을 얻지 못할지언정 적어도 편안해 지는 것을 느끼게 되기 때문이다.

노 교수의 에세이 중 "하느님을 경외해야 한다"는 구절도 있었던 것으로 기억한다. 어쩌면, 사람을 더 두려워하고 공경해야 될 것이라는 뜻으로 풀이하고 싶다. 신이 존재하는지, 하느님이 계신지, 존재한다면 분명 경외해야 할 것이다. 이에 더하여 산을 두렵게 생각하고 가벼이 생각하지 않았으면 하는 생각이나.

누구나 살아가면서 어떤 상황이 닥칠지는 아무도 모르고, 이럴 때를 위해서 항상 대비하는 자세가 필요하다. 산행을 하면서도 마찬가지다. 산행에는 항상 위험요소가 도사리고 있다.

조심하고 또 조심해야 한다.

또한 산행을 함으로써 신체의 유연성도 높이고 체력을 증진할 수 있다. 그리고 적당한 운동은 스트레스를 줄여주고 신체의 면역력을 높여준다고 하니 적당한 운동을 산행으로 대신하면 좋을 것 같다는 생각이다.

2014년 한라산을 등반하며 윗새오름을 오르던 중 느낀 설원위의 절경에 취해 황보경님에게 전화로 장황하게 설명했더니 후기를 써 보라는 것이다.

후기를 쓰도록 빌미를 주고 그것을 모아 하나의 책자로 만들 수 있도록 용기를 주고 조언해 준 황보경님과 오랫동안 산행을 같이 해 준 친구 김동관님에게 고마운 마음을 전합니다. 그리고 제목글씨를 써 준 梅泉 김영호님에게도 고마운 마음을 전합니다.

또 한라산의 설경을 함께 한 정기찬님과 종주산행을 같이 한 박현규님, 설악의 아름다움을 알게 해 준 이경호님에게도 고마운 마음을 전합니다. 2년여 같이 산행을 한 산사우들과의 산행과정도 주마등처럼 스쳐갑니다.

그밖에 황보경님, 박준규님, 임양순님, 박서현님, 박돈희님이 부분부분 사진을 제공해 주셔 이 졸작이 그래도 안개가 걷히듯 조금은 밝아졌을 것으로 생각합니다. 그리고 사진이 책에 실릴 수 있도록 허락해 주신 여러분들에게 고마운 마음을 보냅니다.

2015. 11. 15 신대영 장문수

차 례

산행 시작하기

산행을 하려면 다음 사항을 염두에 두고 시작하는 것이 좋을 것 같습니다.

- 누구나 다 아는 사실이겠지만 배낭은 필수다. 배낭에 넣을 내용물이 적당하지 않으면 옷가지라도 적당히 넣고 메는 게 좋다. 배낭을 멘 다음 꼭 조임끈을 잘 여밈으로써 사고를 예방할 수도 있다.
- 등산화의 끈이 풀린 상태에서의 산행도 금해야 한다. 끌려진 끈이 반대편 발에 밟히면 큰 사고로 이어질 수 있다.
- 여러 사람이 산행할 때, 리더는 함께 하는 이들에게 산에서의 주의사항을 주지시켰으면 하는 생각이 든다. 산에 처음 오는 사람도 있을 수 있고, 산에는 항상 위험이 도사리고 있기 때문이다.
- 산을 오를 때, 초반에는 숨고르기 하듯 워밍업을 하고 시작하는 게 좋다. 숨이 턱까지 차는데 산행을 진행하는 것도 옳은 자세가 아니며 각자의 체력 수준에 맞게 해야 한다. 실제 심장마비를 일으켜 사망한 사례도 있다.
- 긴 거리 산행에서 초반에 힘들게 하면 나중에 지칠 수 있다. 그리고 초반에 휴식을 오래하는 것보다는 잠간씩 하는 게 좋을 것이다. 자칫 워밍업을 다시 하는 꼴이 될 수도 있다. 앞서나가는 것만이 능사는 아니다. 마라톤이라 생각하면 될 것 같다.
- 가급적 모자는 쓰는 게 좋겠다는 생각이다. 차가운 날씨에서는 열의 방출을 막아 체온을 유지할 수 있고, 상황에 따라서는 사고를 예방할 수도 있다.
- 오랜 시간 산행할 경우 가벼운 우의와 헤드랜턴도 하나 준비하면 좋을 것이다.

• 초콜릿 등 당분을 보충할 행동식과 소화제, 타박상용 연고, 밴드, 근육이완제 등 만약을 대비한 가벼운 의약품도 준비하는 게 좋을 것 같다.

• 눈이 많이 쌓인 산행에서는 추위와 미끄럼 대비, 방수용 커버 등도 중요하고 소홀할 수 있는 자외선 차단용 고글도 준비해야 한다. 눈 위에서는 평상시 보다 자외선 노출지수가 3배 정도 높다고 한다.

• 산길을 정확히 모르고 추측으로만 길이 있을 것으로 생각하는 산행은 피해야 한다. 산은 주능선과 많은 줄기들이 이어져 있고 능선과 줄기 그리고 골짜기들이 머리에 그려진 대로 짜여져 있지는 않다. 질러가려다 많이 돌아갈 수도 있다.

• 무릎관절에 파스 등으로 관절 주변을 테이핑도 고려할 수 있다. 또 반듯이 선 자세에서 엉덩이가 땅에 닿지 않을 정도로 허벅지와 장딴지가 붙도록 털썩 주저 앉는 동작을 반복하면 호전될 수도 있다는 김창영씨의 조언이다.

• 산행을 하다 보면 허벅지나 장단지에 근육이 뭉쳐 힘든 경우가 있다. 같이 산행을 하던 어느 분이 이 때는 통증이 있는 반대쪽 풍시혈이라는 곳을 지압해주라는 조언도 있었다. 풍시혈의 위치는 차렷 자세에서 가운데 손가락이 닿는 근처로 생각하면 된다.

위 사항은 개인 생각을 정리한 것입니다.

도봉산 뒤 오봉의 절묘한 어울어짐

내설악의 기암과 운해

클린산행과 환경

사람이 살아가며 어떤 상황을 누리려면 그 만큼의 의무와 대가를 지불해야 한다. 좋은 공기를 마시며 건강을 위한 산행을 하면서도 그에 대한 고마움을 알고, 그 환경이 잘 보존될 수 있도록 아끼고 보살펴야 한다.

산행은 자연과의 만남이고 건강한 환경이 유지될 때 참다운 자연이 될 수 있다. 이번 산행이 어느 누구도 생각하지 못한 멋진 클린산행이 될 수 있도록 계획하고 주관한 산사우에 대해 경의를 표하며 산행을 리딩한 투피님께 존경을 표합니다.

더불어 산 주변의 환경에만 국한하지 않고 우리사회에 대두된 여러 상황까지 짚어가면 어떨까도 생각해 봅니다. 환경문제는 산행뿐만 아니라 우리 생활과 바로 관련되는 문제이기 때문이지요.

지금 눈앞에 닥친 문제도 시급하지만 우리 후대에까지 생각하고 지금의 개인이나 단체의 이익과 불편함은 과감히 던져버려야 한다. 혹여 어떠한 행위를 함으로써 개인이나 어느 조직이 이득을 취했다 하더라도 환경에 위배된 채 이루어졌다면 그 이득은 결코 큰 게 아니다. 어느 특정인이나 집단의 문제가 아니라 지구상의 모든 생물들에게 아주 중요한 문제이다.

가깝게는 가정에서 버려지는 쓰레기에서 산업폐기물에 이르기까지 우리 주변에는 쓰레기 문제가 심각하다. 만일 환경문제가 파생되었다면 그 이후의 사태에 대해서 해결책을 마련해야 한다. 그래야만 우리가 살고 있는 지구는 건강해지고 아름다움을 보존할 수 있을 것이다.

특히 자연상태에서 썩지 않는 화학제품은 필히 따로 분리하여 되가져와 자원화 시켜야 된다. 나는 길가에 나뒹구는 스티로폼 조각을 보면 주워서 한 쪽에 치워두곤 한다. 그러면 폐품을 주워 용돈을 버는 노인들이 유용하게 쓸 것이기 때문이다. 더구나 무심코 버리던가 흘려진 스티로폼은 아주 잘 부숴진다. 부스러기가 된 조각들은 너무 가벼워 미세한 바람에도 풀풀 날린다. 우리가 조각을 주워 담으려 해도 주울 수가 없다. 썩지도 않는다. 결국 오염원이 될 수밖에 없다.

산행을 하며 과일껍질이나 과자봉지, 혹은 나무젓가락 등의 쓰레기가 함부로 버려진 것을 가끔 보게 된다. 지난 주 한라산 산행에서 절실하게 느꼈다. 그동안 죽 산행을 하면서 비닐봉지와 집게를 들고 버려진 쓰레기들을 주워 담는 투피님의 모습에 첫 눈에는 그럴 수도 있다고 생각했었다.

그날 한라산 산행에서 일행을 앞질러 부찬님과 내려오며 누군가 버린 비닐과자봉지를 한 번 주워봤다. 생각과 달리 부끄러울 것도, 쑥스러울 것도 없이 자연스러웠다.

넘쳤을 때의 부작용이 있겠지만, 산행 후에 버려지는 음식물쓰레기는 주변의 땅을 파내어 그 곳에 묻으면 어떨까라는 생각을 한다. 나무젓가락이나 과일껍질도 적당히 묻으면 환경에 문제가 되는지 모르겠다.

만약 우리가 다시 가져와야 한다면 비닐, 캔, 종이, 나무젓가락, 음식물쓰레기 등을 분류해야 한다. 물론 그 이후의 처리는 관에서 적절하게 잘 처리해야 할 것으로 생각된다.

산행인들은 환경의 보존 뿐만 아니라 에너지의 재활용과 건강한 자연환경에 일조했으면 하는 바람이다.

수락의 기묘한 바위들

신년산행

신년 해돋이 여행

산행을 오래 해오기는 했지만, 이번처럼 다부지게 마음 먹고 하는 신년 해돋이 산행은 처음이다. 설레는 마음으로 저녁 10시 30분에 서울을 출발하여 오색에 도착하니 새벽 1시였다. 그곳에서 안내하기로 한 리더를 2시에서 3시 사이에 만나기로 했으니 아직 시간적 여유가 많이 있었다.

간단하게 새벽 요기를 하기로 한 식당은 깜깜한 밤이었고, 주전골의 새벽바람은 매몰차게 불어댔다. 음력 10일의 상현달은 백두대간길 쪽의 등성이너머에서 간당거리고 그 달을 감싸고 하얀 구름이 검푸른 하늘과 산등성이를 오락가락하고 있었다. 그 시간이면 맑은 공기의 밤하늘에 은하수가 쏟아질 만도 한데 서쪽 하늘의 달빛에 묻힌 것 같았다.

2시간을 추운 새벽바람을 그대로 맞고 있기에는 부담스러웠고 리딩 대장에게 전화해 식당 주인을 깨워야 했다. 새벽바람에 귀찮은 그 일을 누가 나서겠는가? 2014년에 6차례 그 식당을 이용했지만 이 정도의 부탁을 하기에는 부담스러운 일이다.

식당 안에 들어서니 왜 문을 두드리지 않았느냐고 오히려 반문했다. 주방에 불을 켜놓고 기다리고 있었다는 것이다. 그러나 밖에는 불빛이 새어나오지 않으니 우리 일행은 주인이 자고 있을 것이라 판단한 채, 깨우기 미안한 마음으로 다른 쉴 곳을 찾다 못 찾고 다시 돌아온 것이다. 당장 드러나는 현상만 보는 어리석음을 범한 것이다.

우리나라 사람들의 정이라고 할까,...... 리딩대장과 주인의

10여년 관계가 우리를 편안하게 해 줄 수 있었고, 얼어가려는 몸과 마음을 녹일 수 있었다. 출발시간이 다가오며 우리는 준비를 마치고 출발하려는데 마다하는 우리를 산행입구까지 차량으로 데려다줬다. 산행들머리에는 이미 많은 사람들이 모여 있었다.

산행을 시작한 시각은 새벽 3시 43분, 어둠속이었다. 헤드랜턴을 통한 산 길은 얼비치기 일쑤였고, 저벅저벅 수백 명의 발자국 소리만이 정적을 깨뜨릴 뿐 세상은 고요했다. 5km의 거리를 3시간 30분에서 4시간을 계산한 리딩대장의 말대로 입구부터 가파른 길이었고, 앞으로의 산행이 힘들어질 것을 예상해야 했다.

돌을 쌓아 만든 계단이나 나무계단에 폐타이어 조각을 덧대어 만든 가파른 계단길을 30분 정도 오른 뒤 잠간 쉬고 산행은 계속되었다. 앞 사람의 배낭에 머리를 자주 부딪치며 산행을 할 만큼 많은 사람들이 부지런히 오르고 있었다. 시간이 흐를수록 산행을 하는 이들의 체력 차이가 드러나면서 앞서거니 뒤서거니 하며 사이가 벌어지기 시작했다.

차가운 날씨였지만 산골바람의 호흡은 의외로 얌전했고 1시간여를 올랐을 즈음 바람소리와 함께 동풍이 오른쪽 볼을 세차게 때리고 있었다. 그러다 잠시 또 조용해지고 정적은 계속 이어지며 침묵 속의 고독한 산행이 계속 되었다.

1.7km 지점에 이르렀을 무렵, 산마루 쪽에서 들려오는 세찬 바람소리가 오싹한 느낌이 들게 만들었다. 능선에 올라서 오른쪽으로 진행방향을 바꾸었고 이제 제법 눈 쌓인 길로 접어들

고 있었다.

설악산의 추위를 예상하고 두툼한 장갑을 새로 구입하는 등 준비를 한다고 했지만 역시 설악의 밤공기는 매서웠다. 장갑과 등산화를 파고드는 추위는 "왜왔지?" 하며 후회하는 마음이 들게 했다. 화장실은 급하지, 손과 발은 마비되는 것 같은 느낌이 들지, 이태까지의 산행에서 처음 경험하는 혹독함이었다. 산행을 하며 시간을 확인하는 것조차 귀찮아 할 정도였다. 그만큼 차가운 바깥 날씨에 피부의 노출을 꺼려한 것이다.

시간이 얼마나 흘렀을까? 누군가 뒤에서 배낭을 당기는 것 같은 느낌이 들어 몸을 앞으로 바싹 숙이며 걸어야 했다. 배낭의 무게가 부담인 데다 부족한 잠으로 감각이 흐트러지기 시작하고 중심이 흔들리며 뒤로 넘어질 것만 같은 느낌이었다. 호랑이에게 물려가도 정신만 차리면 살 수 있다는 속담이 생각나는 순간이다.

2시간쯤 지났을까, 한 사람이 산행금지구역을 표시하는 줄에 기대어 힘들어 하고 있었지만, 아무도 거들떠보지 않고 지나쳤다. 일행과 떨어졌다며 근육이 뭉쳐져 고통스러워하는 사람이었다. 방법은 모르지만 허벅다리를 주무르고 비벼주는데 마침 우리 일행이 지나가 같이 응급처치를 할 수 있었고, 그는 비로 하산해야 했다.

그 사람을 내려 보내고 나니 이제 바지가 나를 잡아당기고 있었다. 단단히 입은 옷에 밴 땀이 날이 차가워지자 바지가 얼어 주름지면서 굳어지는 현상이 일어난 것이다. 추위의 무서움을 새삼 느끼게 했다.

조금 전 근육경련으로 힘들어 하던 그 사람 꼴이 되지 말라는 법은 없다. 여지까지의 산행에서 근육경련은 없었지만 불안한 마음이 엄습해왔다. 차라리 미리 그런 상황이 오면 내려가기라도 좀 더 낫지 않을까 하는 생각까지 하게 되었다.

"동상의 치료는 어떻게 하나" 라는 기우와 불안 속에 어느새 일행과 떨어져 둘만이 우리의 길을 가고 있었다. 이제는 온 산이 하얗게 설산이 되어 있었다. 발목정도 덮을 만큼이니 설악의 눈 쌓임으로 볼 때 많은 눈이 내린 것은 아니었다.

여명이 다가오며 추위는 더 기승을 부리고 산행을 하는 많은 사람들이 힘들어하는 기색이 역력했다. 동쪽으로 불그스름한 노을이 날이 밝아 옴을 알리고 고지는 저 앞에서 우리를 기다리고 있었다. 아직 어둠이 완전히 가시지 않은 상황에서 붉은 노을을 카메라에 담으려고 휴대폰의 셔터를 누르는데 그마저도 제대로 말을 듣지 않았다.

수평선 위에 떠있는 운해의 아름다움을 카메라에 담을 수 없는 안타까움은 굴러들어온 양귀비를 못 취하는 심정이랄까?……

처음 겪는 추위와 싸우면서도 황홀한 운해를 힐끗힐끗 돌아보며 혹시 정상에 오르면 상황이 달라질까 하는 마음으로 발걸음은 정상을 향해 옮겨가고 있었다.

이제 주변은 서로를 알아볼 수 있을 만큼 밝아졌고, 일행을 찾는 데 신경이 곤두세워졌다. 그러나 그 많은 인파 속에서 일행을 찾는다는 것은 쉬운 일이 아니었다. 가까스로 바위들이 엉켜 이루어진 대청봉에 오르니 추위 속에서도 많은 인파가 시선을 동쪽으로 집중하며 모여 있었다.

멀리 수평선 위로는 운해가 띠 모양을 형성하며 바다에 떠 있는 것처럼 보였다. 그 띠는 사방으로 산마루 아래에도 똑같은 높이에 만들어져 있었다. 차라리 구름이 수평선 위의 산처럼 보인다는 표현이 적당할 것 같았다. 떠오르기 전의 태양 주변으로는 붉은 빛이 퍼져 올라오기 시작했다.

자연은 동적일 때도 있지만 정적일 때도 있다. 느끼기 어려울 만큼 아주 느리게 잿빛 구름은 붉게 물들어가고 있었다. 그러나 울툭불툭 솟은 바위 위에서 이 장관을 보려는 이들에게 몸의 중심을 잡도록 쉽게 허용하지 않았다. 한 컷이라도 더 담으려고 좋은 자리를 찾아 자리하고 있었고 추위를 참기 위함인지, 아름다움에 대한 감탄사인지를 연발하고 있었다.

그러나 정녕 휴대폰의 카메라에 그 모습을 담기에는 추위에 굳어버리는 손가락이 흔들려 초점을 맞출 수가 없었다. 예민한 터치폰인 휴대폰카메라는 잘 눌려지지가 않고 셔터를 두세 번 누르면 배터리가 이유 없이 꺼지는 현상이 일어났다. 게다가 추위와 피로는 안식처가 더 그리워지게 했다.

같이 동행하며 정상에 오른 동료는 눈 주위만 빼꼼히 내놓고 모두 덮어썼지만 외부에 노출된 광대뼈 주변의 볼은 붉으스름하게 실핏줄 자국이 돋고 있었다.

우리는 봉우리를 넘어서야 했고 봉우리 너머 몇 백m 아래 중청대피소의 오아시스가 반갑게 들어왔으나 너무 멀게 느껴졌다. 대피소까지 가는 길도 인파에 부대껴야 했고, 암능길인 큰 자갈 사이로 얼어붙은 눈들도 자유롭게 걸음을 허용하지 않았다.

인파로 북적거리는 대피소 안에서 배고픔은 뒤로 미룬 채, 추위부터 녹여야 했고 시간은 어느덧 오전 9시를 달리고 있었다. 1시간여를 휴게소에서 보내고 식당으로 들어오니 약간은 한산해져 있었다. 대피소에서 할 수 있는 모든 것을 충족시킨 우리는 오전 11시쯤 되어 다시 오던 길을 따라 대청봉에 올라 하산길로 접어들었다.

전쟁터에서 죽을 고비를 넘긴 사람들이나 동고동락을 하던 군인들에게 전우애라는 말을 쓴다. 힘든 과정에서의 동행은 그들을 오래 기억하게 한다. 같이 산행한 이들이 약간 낯설었을 수 있을지라도 모두의 얼굴을 머릿속에 남긴 채 오후 2시경 우리를 맞아줄 식당에 도착했다.

포근한 안도감과 함께 우리는 한 마음이 되어 천국의 음식을 즐길 수 있었다. 정말 생각하기 싫은 과정이었지만 같이 어려움을 겪고 난 뒤에는 또 다른 추억으로 남을 것이다.

한라산 첫 산행

연속되는 술자리에 오늘도 12시가 지나서야 잠들었으나 새벽 3시경 눈이 떠졌다. 자주 그런 일이 있던 터이지만, 한라산 처녀등반을 앞둔 설레임 탓 이었으리라.

버스정류장에서 공항행 첫 버스가 새벽 4시 55분이어서 자칫 잠들면 못 일어날 것 같은 걱정 때문에 다시 잠을 청할 수는 없었다.

1시간여 동안이나 뒤척거리다 버스정류장에 도착하니 4시 25분이었다. 겨울 차가운 새벽바람에 40분을 더 기다리고서야 도착한 처음 타보는 공항행 버스였다. 그런데 웬걸. 수유, 미아, 미아삼거리, 길음 역까지 모두 다 서는 게 아닌가? 이러다 비행기 탑승시간에 못 맞추지 않나 하는 불안함이 가슴을 졸이게 했다.

다행이도 정릉 정류장에서 승객을 태운 후 내부순환로를 통해 공항으로 직행하여 빠듯하게 도착할 수 있었다. 플랫홈에 들어서 몇몇 낯익은 얼굴들을 보니 반가움 그 자체였다. 쑥스럽게도 두 번째 타보는 비행기에서 제주상공을 선회할 즈음에 희뿌옇게 날이 밝아오고 있었다.

산행들머리인 성판악에 도착하니 오전 9시 쯤 됐다. 산악회 가입이 처음이고 산행장비를 대부분 처음 장만했던 터라 착용에 어눌한 동작이었을 것이다. 산행시 안전사고에 대비하라는 안내방송에 따라 단단히 준비하고 한라산 처녀산행의 부푼 마음으로 뒤를 따랐다.

입구에서 출발할 땐 여러 팀이 운집하여 오르니 많이 북적거렸으나 시간이 흐를수록 체력은 그들의 운명을 조금씩 가르기 시작했다. 산행하는 사람들의 거리가 벌어지기 시작했고 우리 일행 중에서도 선두와 후미는 상당한 차이가 있었을 것이다. 게다가 어느 정도 오른 다음에는 근육경련이 오는 사람도 있어 뒤쳐질 수밖에 없는 상황이었다.

무거운 다리를 이끌고 오르는 후미의 일행들이 두 시간정도 산행을 진행했을 때는 이미 하산하는 사람들도 있었다. 그들이 정상등반을 마치고 내려오는지, 아니면 굉장히 일찍 서둘렀는지는 모른다. 얼마나 더 올라야 정상인지를 모르는 상태에서 힘들어하며 한참을 오르고 나서야 눈이 하얗게 덮인 정상이 빼꼼이 내밀었다. 눈부신 태양, 새파란 하늘, 고산지대의 식물들, 그야말로 한라산 턱 밑은 새로운 세상이었다.

입구에서의 인파보다도 많은 등반객들이 진달래대피소를 가득 메워 혼잡스러웠다. 우리 일행 선두팀이 후미를 기다리고 있었고 다시 합쳐진 일행들을 만난 그 반가움이란,......

대피소 앞에는 컵라면을 사려는 사람들이 줄을 길게 늘어서 있었다. 다행히 우리에게는 완벽한 간편식을 준비해온 L님이 있어 불편하지 않게 점심식사를 할 수 있었다. 주당들을 배려한 준비에 알코올까지 가볍게 곁들일 수 있었다. 점심을 끝내고 조금 있으려니 정상에 오를 사람들은 서둘러 준비하라는 안내방송이 스피커를 통해 흘러나왔다. 짧은 겨울의 낮 길이와 갑자기 닥칠 수 있는 변덕스러운 제주 특유의 날씨 때문일 것이다.

적당한 음식과 혈액순환에 도움을 주는 약간의 알코올 덕분에 오후산행은 비교적 가볍게 시작했다. 정상에 가까워질수록 바람의 속도가 강해지기 시작했다. 길은 얼어있었고, 매서운 바람은 몸을 비탈 아래로 빠뜨리기라도 하겠다는 듯 거세게 몰아댔다. 간신히 난간에 의지하여 몸을 붙들 수 있었으나 방한복을 파고 들어오는 바람은 상상하기 어려울 정도로 추웠다.

가까스로 팔부능선쯤에 이르니 해우소가 대기하고 있어 잠간이라도 바람막이가 될 수 있었다. 장갑을 벗으려 하니 맨손에 파고드는 차가움은 바로 동상에 걸릴 것 같은 느낌이었다. 그 상황에서 맨손으로는 아무 것도 하기 힘들었고 화장실 벽에 기대어 간신히 사태를 해결할 수 있었다.

정상에 다다르니 맹추위도 무서운 기세의 바람도, 올라왔다는 성취감과 함께 아름다운 설경, 가을처럼 파란하늘이 그 기세를 몰아냈다. 조금 전의 고통은 멀리 던져버리고 우리는 추억 한 장면을 머릿속에 담아낼 수 있었다. 많은 군상들이 추억을 담기 위해 카메라 셔터를 눌러대고 있었고, 그렇게 우리는 정상을 오른 기쁨에 얼었던 몸과 마음이 녹아내렸다.

힘들게 올라왔던 성판악에서 백록담까지의 산행거리는 9.7km다. 사실 진달래대피소까지는 그저 묵묵히 올랐을 뿐 한라산의 아름다움에 대한 감흥은 별로 느낄 수 없었다. 진달래대피소에 거의 다가와서야 비로소 "아! 여기가 한라산이구나" 하는 감탄사를 낼 수 있었다. 대피소에서 바라본 한라산 정상의 설경은 햇빛에 반사되어 도취되기에 충분했다.

누구와 쉽게 접근하지 못하는 내 성격상 일행과 쉽게 어울리지는 못했었다. 그러나 후미에 쳐지면서 힘들어 하는 영애님과 조금씩 말문을 트기 시작하고, 한라산정상의 절경에 취하여 사진촬영도 하면서 조금씩 일행과 추억의 한 단편에 끼어들 수가 있었다. 힘들어 했던 영애님도 희색이 돌기 시작했고, 그렇게 모두가 정상에서의 기쁨을 만끽했다. 물론 호프만님과 김하늘님, 로사님하고는 산행을 같이 몇 번 했던 터라서 덜 어색했다.

내려오는 길은 그래도 여유를 찾을 수 있었다. 호프만대장님, 강쇠대장님, 심바님, 라벤다님, 쭈니셈님, 쭈2님은 하산길도 앞서 내려가기 시작했다. 같이 힘들어했던 하늘님, 로사님, 영애님 그리고 양서각은 다시 후미에서 선두를 따르면서도 사진촬영엔 여념들이 없어 보였다.

그렇게 선두와 후미가 모이고 흩어지기를 한 두 차례 반복해야 했다. 한라산을 내려오며 선글라스가 필수라는 걸 이해할 수가 있었다. 후미에 뒤쳐진 동료를 찾거나, 또는 정상을 되돌아볼라치면 선글라스를 비껴들어오는 햇빛이 순간적으로 눈을 얼얼하게 했다. 어느 정도 내려오며 눈이 녹아 산길이 미끄러워 새로운 추억 한 장면이 연출되기도 했다.

하늘님과 로사, 영애, 심바, 라벤다님 이렇게 다섯은 이제 뒤에 쳐져 사진 촬영에 몰두했다. 설원에 펼쳐지는 네 분 미녀들의 요염한 자태를 유도하는 하늘님과 뭇 남성을 유혹하는 영애님, 한라산도 질투할 로사님의 아름다움, 여성스러움의 극치를 보여주는 라벤다님은 1박 2일의 추억을 독차지하며 그렇게 뒤쳐졌다. 나는 그들 사이에 끼어들 틈이 없는 것 같아 걸음을 빨리 했다.

쭈니샘님의 봉사정신은 깊이를 더해갔다. 우리를 이동시키느라 자동차 키를 독차지하는 것은 물론 카메라맨의 역할까지 두루, 또 철저히 소화하며 우리를 즐겁게 해 주었다. 우리의 날머리는 관음사이고 들머리가 성판악이었므로 누군가가 관음사에서 성판악으로 되돌아가 차를 다시 가져와야 했다. 이 역할을 한 사람이 바로 쭈니님이었다. 쭈니님은 근육경련으로 힘들어 했으면서도 앞질러 가기 시작했다.

한참을 내려오다 보니 묵묵히 내려가는 호프만, 강쇠님이 보였다. 나도 그 뒤를 부지런히 따랐다. 그러나 역시 가끔 그들과 거리를 벌려야 할 만큼 그들의 체력은 대단했다. 내려오는 길 역시 경사로를 가끔씩 드러내기도 했고, 험로에서 벗어나자 수목이 울창하여 그늘이 형성되어 있었다.

그때부터는 그저 줄곧 내려오는데 여념이 없었다. 관음사에 도착한 것은 5시 전이었던 것 같다. 먼저 내려오는 팀들이 있는가 하면 뒤에 계속 다른 팀들도 내려오고 있었다. 우리 팀의 후미는 30여분이 지나서야 모습을 드러내기 시작했고 오후의 태양을 서쪽 하늘이 간신히 받쳐주고 있었다.

제주의 늦은 오후 하늘은 가을하늘이 질투할 정도의 스카이블루보다 더 진한색을 연출하고 있었다. 우리는 또다시 고마운 쭈니님의 봉사로 숙소로 편하게 이동했다. 호프만, 하늘, 로사님이 우리의 제주에서의 첫 날 밤을 위해 가게로 향했고, 우리는 편안한 휴식처에 안착했다. 제주산 삼겹살에 강쇠님이 강추한 제주의 명물 하얀 소주는 궁합이 찰떡이었다.

자리를 파하고 쭈2님은 일찌감치 제주에서의 첫날밤 행사를 위한 꿈나라로 향하고, 우리는 신천지를 향해 룰루랄라 뛰었다. 제주의 밤바다. 힘들었던 산에서의 고된 노역도 제주의 은은한 해풍에 녹아내렸다. 누군가 소주 한잔 하자는 제안에 어느 누가 감히 거역하겠는가? 게 눈 감추듯 순식간에 마셔버리고부터는 기억이 가물가물하다. 그렇게 우리는 제주에서의 하루를 추억으로 간직한 채 역사 속에 묻어버렸다.

윗세오름의 아름다운 전경

윗세오름

한라산 등반 이틀째다.

우리는 윗세오름을 오르기 위해 숙소를 나서 영실로 향했다. 출근시간 때문인지 생각보다 차 안에 있는 시간이 길었고산행 입구로 가기 위해 시내를 통과하여 영실까지 가는데 4~50분 정도는 걸린 것 같았다.

영실에 도착하니 산행입구까지 차에 체인을 걸어야 통과할 수 있었다. 기껏 몇 백 m의 거리여서 체인을 채우는 데 시간을 보내느니 차라리 차에서 내려 걷기로 했다. 눈이 얼어붙어 빙판이 된 아스팔트길을 엉덩방아를 찧으며 산행입구에 도착할 수 있었고 결국 숙소에서 등산로 초입까지 한 시간 반 정도가 걸린 셈이다.

입구부터 아이젠을 채우고 단단히 채비하고 산행을 시작했다. 산을 오르는 등산로 옆으로 소나무(주로 금강송) 등 제법 큰 나무들이 조화롭게 숲을 이루어 한겨울의 푸르름을 유지하고 있었다. 산행길은 얼어 있지 않아 아스팔트길을 걸을 때보다 편안했다.

산을 오를수록 세상은 점점 하얗게 변해가고 있었고 숲길을 벗어나면서부터 흰 눈에 반사된 햇볕이 더욱 강렬하게 얼굴을 때렸다. 오른쪽 10시 방향 눈밭 건너편에 펼쳐져 있는 기암괴석들은 마치 조각한 것처럼 여러 형상으로 아름다움을 자랑하고 있었다. 이런 풍경들은 윗세오름을 거쳐가는 과정에 빼놓을 수 없는 신비스러운 모습일 것이다.

윗세오름을 오르는 데는 인공계단이 많이 설치되어 있었고 오르는 동안 계단에 쌓인 눈이 완전히 녹지 않아서 눈길로 착각할 정도였다. 아마 30cm 이상의 눈이 쌓이지 않았을까? 그래도 다행인 것은 어제 오를 때와 같은 바람이 불지 않았고 추위도 느낄 수 없었다. 오히려 정오에 가까울수록 강렬한 태양은 두텁게 쌓인 눈을 조금씩 녹여 흘러내리게 하는 위대함을 보이고 있었다.

산을 오르며 남, 서, 북쪽으로 내려다 본 한라산의 아랫자락부터 1,000m 정도까지는 신기할 정도로 경사가 완만하게 보였다. 엄마품처럼 편안하다는 느낌이 드는 산이었다.

무슨 일을 하던지 힘든 사람은 언제나 지루한 법이다. 목적지에 이르러야 되는데 빨리 나타나질 않으니 게다가 어제의 여독이 남아 있었으므로 지루해지기 시작했다. 우리는 다독이며 어려운 과정에 위로가 되려고 노력했다.

오르던 10시방향의 오른쪽 기암괴석들이 있는 곳을 윗세오름으로 계산하고 목적지에 거의 다다른 것으로 생각하고 있었으나 웬걸 계속 왼쪽으로 방향을 돌려 올라가는 것이 아닌가. 그러기를 어느 정도 올랐다는 생각이 들 즈음에는 진한 녹색의 주목들이 눈에 덮여 힘든 듯 빼꼼히 모습을 내보이고 있었다.

주변은 하얀 천지로 변해 있었고 하늘은 내륙에서 가장 맑을 때의 가을보다 깊고 푸르렀다. 그제서야 지나온 방향 오른쪽인 기암괴석들을 5시 방향으로 두고 정면으로 바라보이는 곳이 목적지라는 호프만님의 설명이었다. 어제 추위에 발발 떨었던 백록담(백록담을 안고 있는 한라산봉우리로 백록담은 보이지 않음) 왼쪽 아래였다.

고진감래苦盡甘來!라 했던가? 힘들고 지루한 과정을 지나고 나니 새로운 세상이 나타났다. 어제에 이어 힘든 과정을 씻어내는 달콤한 아름다운 설경이 우리를 반겨주는 것이다.

한라산봉우리를 바라본 여기가 환상에 빠져든 절경을 자아내는 설원(평원)이었다. 오목조목한 난쟁이 나무(어린 주목)들을 덮은 하얀 눈밭을 설원으로 느낀 것이다. 한라산봉우리와 윗세오름 사이에는 골이 있어 별개의 산이라는 느낌이 들었고 봉우리 왼쪽은 바위들이 병풍처럼 버티고 있었다. 이곳에서 컵라면으로 제주 하얀술을 살짝 곁들여 점심을 해결하였다.

우리나라에도 해발 1,600~1,700m의 고지에 이런(그리 넓지는 않지만) 평원이 있다는 사실이 신기하기만 했다. 평원의 남쪽 저 멀리에는 수평선처럼 펼쳐지는 잿빛구름이 미동도 하지 않는 듯이 보였고, 이게 하늘에 떠 있는 바다가 아닌가 착각하고 싶을 정도였다.

정오를 넘긴 한라산의 겨울하늘은 멀리 보이는 잿빛구름만 제외하고는 짙은 하늘색이었다. 봄처럼 포근한 가을 같은 하늘 아래 눈밭에서 자연의 경이로움을 감상하는 것은 굉장한 즐거움의 한 단편이었다. 오른쪽으로 설원의 끝 부분은 아마도 낭떠러지가 아닐까?

윗세오름으로 오르는 길은 왼쪽에서 오른쪽방향으로 15도 정도 완만한 경사를 이룬 눈밭을 가른 사이를 통하고 있었다. 인공으로 설치한 등산로를 제외하고는 왼쪽에서 오른쪽으로 하향경사를 이루는 부드러운 하얀 눈으로 덮인 사막으로 연상되었다.

우리 몇몇은 짧은 거리를 가는 동안 또 뒤쳐지고 말았다. 이때는 어쩌면 두 번 다시 볼 수 없을 수도 있는 정경들을 추억에 담으려고 발버둥치는 과정이었다. 개인적인 사진 찍기를 좋아하지 않는 내가 자청할 만큼 반해버린 경치였다.

윗세오름에서 우리팀을 포함한 몇몇 사람들이 한라산봉우리에 딸린 병풍바위(실제는 모름 : 병풍처럼 생겨서 본인이 붙임. 나중에 알았지만 한라산남벽)가 보이는 표지목 옆에서 사진촬영을 위해 줄서 있는 모습이 들어왔다. 윗세오름대피소에는 매점과 화장실이 구비되어 관광객(산행인)들의 편의를 제공해 줬다.

우리의 목표는 한라산 남벽까지 오를 예정이었으나 통과시간을 못 따라 부득이 하산해돌아서야 했다. 윗세오름을 정점으로 오르던 상태에서 왼쪽으로 턴하면서 내려오는 길이다. 오를 때의 6~70도 방향으로 턴한 것 같다. 하산길은 10도 이하정도의 완경사였다. 이제 하얀 눈밭 아래로 펼쳐지는 저 멀리에는 연무가 극히 살짝 깔린 바다도 모습을 드러내었다.

역시 설원은 계속 전개되고 왼쪽(올라오던 방향)으로 2~30도의 올려다 보이는 경사였다. 올라오던 설원에서 부족했던 추억들을 담느라 여유있는 마음으로 촬영에 몰두하고 있었다. 어쩌면 이런 과정을 거치면서 서로의 관계는 두터워 질 것이다. 오른쪽엔 높이 10m 안팍의 진록의 상록수(주목) 한 무리가 푸른 위용을 뽐내고 있었다. 겨울 눈밭, 파란 가을하늘 여름 수림이

공존하는 환상이다.

내려오면서 완만했던 경사도가 도를 조금씩 높여가고 있었고 이제 바다와 산자락이 같이 시야에 들어온다. 경사가 심해지며 다른 사람들과 사이가 벌어지기 시작했다. 산행하며 힘들면 몸이 무거워지고 앞에서 스틱으로 조금이라도 지탱해주면 밀려 내려오는 무게를 분산시켜 조금은 완화시킬 수 있다.

가장 뒤에 쳐진 영애님이 힘들어 하여 하늘님의 스틱을 빌려 스틱으로 받쳐주며 내려와야 했다.

경사가 심해지며 제법 큰 나무들이 숲을 이루고 오솔길을 따라 내리막길이다. 힘들어 하는 영애님과 묘안을 짜낸 것이 썰매다. 영애님의 보온주머니에 모자 등을 넣어 두껍게 하여 이용한 것이다. 30도 정도의 하향경사로의 눈길은 썰매를 이용하기에 적당했다.

길이 많이 굽은 곳에서는 벗어나지 않기 위해 걷고 조금 후에는 다시 썰매를 활용하는 식으로 중간 중간 1km 정도는 이용했을 것이다. 하얀 눈밭은 쭉쭉 뻗은 상록수림 속이었다. 우리는 수림을 헤치며 동화의 세계를 여행했다. 많이 뒤쳐졌지만 함께 한다는 의미를 부여됐을까? 목적지까지 무사히 합류할 수 있었다.

윗세오름 코스의 환상적인 절경에 막연히 후기를 쓰고 싶다는 생각을 하게 되어 계획도 없고 두서도 없이 그저 생각나는 대로 기록하였으므로 위치나 산행시간 등 기록의 가치는 없을 것이다. 다만 윗세오름 코스는 다시 한 번 찾고 싶다는 생각을 머릿속에 남긴 행복한 산행이었다.

쭈니셈님의 봉사는 오늘도 이어졌다. 우리에게 어느 음식을 어떻게 제공할까(물론 대략 정하고 들어갔지만) 주인과 상의하여 매끄럽게 해결해주었다. 호프만 대장과 로사님은 리더로서, 재무담당 겸 내무를 충실히 관장하여 우리를 편안하게 했지만 진정 쭈니님의 역할에 우리는 고마워했다. 그 상황에 녹아든 우리 팀의 한사람 한사람은 한라산에 푹 빠진 뒤 개선 군이 되어 김포에 입성할 수가 있었다.

무등산

대부분의 사람들이 일평생 스트레스를 안고 살아가며 무덤에 들어가서야 그 스트레스로부터 해방된다고 한다. 적당한 스트레스는 긴장감을 유발해 건강에 도움이 될 수 있지만, 스트레스가 심한 경우 정신적인 고통을 수반하며 여러 질병과 연관될 수도 있다.

적당한 운동은 스트레스 호르몬을 감소시킨다고 한다. 나의 경우 산행으로 스트레스를 푸는 형태이다. 등산이 스트레스를 푸는 한 방법이 될 수도 있을 것이라는 생각을 한 이유기도 하다.

오늘도 그 일환으로 무등산 산행에 참여했다. 우리를 태운 버스가 동광주 톨게이트를 벗어난 게 오전 10시 20분 정도였을 것이다. 광주를 통과해서 원효사 입구로 가는 동안 약하게 내리는 이슬비에 몇몇 산사우들은 설경을 못 볼 것이라고 약간 실망스러워하는 모습을 보였다.

2월 초면 1,000m 이상 고지에는 기온이 평지보다 많이 낮아 웬만하면 눈이 쌓여 있다. 나는 “실망하기엔 이르다. 산이라는 곳은 어느 정도 높이에 가면 전에 내렸던 눈이 녹지 않았을 수도 있다” 고 스스로 위로하며, 20여분 후 원효사 입구 주차장에 도착했다.

주차장에 도착하기 전부터 약한 눈발이 비치기 시작했는데, 산행들머리에 접어들었을 즈음해서 제법 눈발이 굵어지기 시작했다. 행장을 챙긴 다음 미실대장의 간단한 산행 안내 후 J

님의 지도로 안전을 대비한 기본 몸 풀기를 하고 무등산 옛길의 첫 계단을 밟은 게 10시 53분이었다.

아직은 겨울이라는 생각이 지배하고 있던 나에게 질척거리는 완만한 오르막경사로는 봄이라는 생각을 움트게 했다. 초봄 겨우내 얼어 있던 땅이 녹은 진흙길을 걷다보면 신발이 길에 빠지기도 하고 여러모로 불편하다. 2월의 봄인 셈이다.

5분 정도 지나면서부터는 15도 경사의 완만한 오르막길이었다. 길은 계속 질척거렸고 주변 곳곳에 산대나무들이 앉은뱅이처럼 자라고 있었다.

다시 20여분이 지나자 눈발이 조금씩 강해지고 있었다. 게다가 약하게 낀 산안개가 별로 상쾌한 기분을 주지는 않았고 안개가 짙어지며 시야는 많이 좁아졌다. 11시 40분경 치마바위 안내목이 서있던 곳에서 10여분을 더 지난 후 아이젠을 착용할 수밖에 없었다.

12시경쯤 되자 후미의 일행 몇몇이 출출했던지 막걸리 한 잔씩으로 갈증을 해소했다. 이름 모를 관목과 갈대 몇 뿌리들이 뒤섞여 자라고 있는 모습이 정상에 가까워짐을 느낄 수 있었다. 눈발이 잦아들며 삼거리가 나오는 안내표지목이 서있는 곳에서 좌측으로 폭 2~3m의 평탄한 길을 100m 정도 지나 다시 경사로에 접어드니 또 안개가 짙어졌다.

무등산정상의 서석대를 500m 놔두고 함박눈이 앞을 분간하기 어려울 만큼 내리고 있었다. 서석대 입구 목교앞 눈밭에서 삼삼오오 나뉘어 비닐천막을 치고 즐거운 점심을 먹었다. 여지껏 혼자 산행을 해왔던 터라 어울려 나누는 음식의 즐거움을 새삼 느끼게 되었다. 함박눈은 이제 싸락눈으로 바뀌어 계속 내리고 있었다.

정상이 서석대인 줄 모르고 서석대로 착각한 멋진 형상을 한 기암괴석에서 사진촬영 후 1시 44분경 정상인 서석대에 이르니 전형적인 높은 산의 모습이었다. 바위 틈 사이로 잎이 피지 않은 철쭉 무리와 바위로 이루어진 정상은 사방이 트였으나 짙은 안개로 시야가 확보되지 않아 황량한 느낌이 들었다.

흰 눈으로 완전히 덮인 눈길을 5분 정도 내려오는 중에 승천암 안내판을 지나 멋진 바위들이 2층으로 놓여있는 모양을 한 입석대에서 추억들을 담아낸 뒤 바위로 이루어진 길을 한참 내려오니 10여m의 데크길과 돌계단 길을 거쳐 장불재에 도착했다. 오후 2시 반 경이었지만, 역시 안개가 짙어 시야를 확보하기는 여의치 않았다.

다시 얼마를 내려오던 중 바위틈에서 흘러나오는 약수로 목을 축인 다음 조금 더 내려와 3시 5분 정도 아주 넓은 중머릿재에 이르렀다. 방부목에 폐타이어를 덮어 쉬운 계단을 내려오는 길은 바위계단에 눈이 녹으면서 아이젠이 바위를 긁는 소리가 듣기 싫어 풀어야 했다. 원래 계획에 포함되었던 세인봉 코스는 아쉽지만 시간관계상 접어야 했다.

480년 된 느티나무가 있고 송풍정이라는 정자가 있는 곳(지역주민들이 당산제를 지내는 듯한 곳)에서 하산 마무리를 하니 3시 53분이었다. 이어 포장된 길을 따라 증심사라는 조그만 절을 지나 우리를 기다리고 있던 뒤풀이 장소에 도착했다. 산행을 마친 시각은 정확히 4시 9분이었다.

아쉬운 부분도 있었지만 산행에 참석한 산사우 여러분들의 추억은 하나하나가 모두 소중한 얘깃거리가 될 것이다.

산행을 리딩한 미실님 여러 대장들의 헌신적인 노력과 항상 봉사하는 마음으로 추억을 담아주신 부찬님과 토순님 그리고 노익장을 과시하며 항상 산사우의 버팀목이 되어주시는 한성님, 음양으로 즐거움을 선사해주시는 모든 산사우님들께 카페를 통해서라도 고마움을 표하고 싶다.

무등산의 기암과 송풍정 옆 수령 500년의 느티나무

한북정맥 1구간

한북 제1구간

수피령→촛대봉→복계산갈림길→941.9봉→892봉→891.9봉→실내고개갈림길→복주산→하오현→하오터널입구 (도상거리 11.95km 실제거리 15.54km)

내일 산행을 위해 밤 10시경 일찍 잠자리에 들었다. 얼마나 잤을까? 잠에서 깨어나니 11시 20분이었고 1시간 20분 눈을 붙인 셈이다. 새벽에 잠깐이라도 더 눈을 붙인 것이 그나마 다행이었다. 차타는 시간동안이라도 부족한 잠을 보충하자는 마음으로 출발은 했지만, 산행을 해야 하나 고민스러웠다. 수면을 제대로 못한 데다 힘든 산행이라고 했기 때문이다.

돌발변수는 언제든 일어날 수 있다. 약속시간도 예외는 아니어서 여유 있게 길을 나서야 한다. 여러 사람이 모일 때, 나 한 사람 늦으면 그 시간에 참석인원의 수를 곱해야 한다.

그러나 너무 서두른 탓으로 약속장소에 50분이나 일찍 도착했다. 2월의 깜깜한 새벽공기는 매서웠고 남은 시간을 퇴계원의 주변 배밭 농장을 오르내려야 했다. 버스에 몸을 싣고 7시 20분에 퇴계원을 출발해서 한북정맥 종주의 첫 발을 내디뎠다.

포천시 이동면을 지나 고속화 도로를 벗어나면서부터 전형적인 시골길이었다. 구불구불한 길을 지나 8시 45분경 먼저 도착한 호프만님과 만나기로 한 장소에 도착했다. 30분 정도 기다리는 동안 이정표님의 매실주로 몸을 데운 뒤 기분 좋은 상태로 산행 들머리인 수피령에 도착한 게 9시 25분이다.

6.25전쟁 중 조국수호를 위해 몸을 바치신 호국영령들을 기

리기 위해 건립한 대성산전적비에 제주祭酒를 올려 안전산행을 기원하고, 9시45분경 산행을 시작했다. 날씨를 많이 걱정했었는데 청명하고 내피를 입지 않아도 될 만큼 포근한 느낌까지 들었다. 눈이 녹다 얼다한 20~30도 경사로를 숨을 가쁘게 몰아쉬며 작은 봉우리를 지나고 또 약간 오르막길을 지나니 일행이 쉴 수 있는 바위아래 공간이 있어 잠시 쉬며 10시경에 아이젠을 착용했다.

다시 산행을 이어 가는데, 내린지 한참 된 듯 보이는 눈이 녹지 않고 주변에 하얗게 쌓여 있었다. 눈길을 따라 앙봉을 넘어 4~50도의 경사로를 내려오니 10시 30분경 갈림길이 나왔다.

뒤에 쳐져 산행을 하던 우리는 선두의 흔적을 찾아 볼 수 없을 만큼 이미 선두와의 거리가 많이 벌어져 있었다. 거기서 알바라는 걸 알았다. 갈림길에서 왼쪽으로 갔어야 했는데 복계산 방향으로 50m 진행한 뒤 다시 턴해야 했다. 이음님이 알바할 곳이 몇 군대 있다 했는데 이미 하나를 써버린 셈이다.

앙봉을 넘어서부터는 북서향의 산세여서 눈이 별로 녹지 않은 설산이었다. 우리는 복주산을 향해 능선이 아닌 허릿길을 지나는데 능선으로 햇볕을 빼앗기고 서북쪽이 6~70정도 하향의 경사를 이룬 사이를 따라 눈길을 걸어야 했다. 눈 위의 발자국으로 미루어 많은 사람이 다녀갔음을 알 수 있었다.

능선을 우회하여 비교적 평평함을 유지한 길이었다. 잠간 약간의 내리막에서 바윗길이 있었으나 바로 눈 쌓인 능선과 접한 뒤 봉우리(칼바위인 듯함)로 향했다. 11시쯤에서야 봉우리를 넘으니 양지바른 아래에서 선두가 우릴 기다리고 있었다.

후미에 처진 일행이 전부 도착하기도 전에 선두일행이 바로 줄행랑을 지다시피 산행을 이어갔다. 하산시간이 늦어질 수도 있음을 걱정해서였을 것이다. 이때는 우리 뒤에도 몇 명이 뒤쳐져 있었다. 5분정도 내려오다 다시 삼사십도 정도의 오르막길을 거쳐 봉우리를 하나 넘으니 정오가 가까이 오고 있었다. 내리막길은 짧았지만 눈이 녹으며 질척거렸다.

다시 봉우리를 우회하여 내리막길을 조금 지나서 삼거리 서쪽을 향해 5~6분 내려오니 해발 900m 정도의 높은 산에 노송(지름 25cm정도)들과 제법 높게 쭉쭉 뻗은 갈참나무들이 자라고 있었다. 이 때까지는 비교적 걱정했던 것 보다는 편안한 산행이었다.

다시 오르막을 시작하여 봉우리 가까이 4~50도 정도의 가파른 오르막을 타고 무명봉에 이르니 앞서온 사람들이 우리를 위해 12시 반경 성찬을 준비하여 기다리고 있었다. 무명봉 정상에 그렇게 넓고 평평한 자리가 있다는 것도 재밌는 일이다.

살아가면서 음식을 먹는 것도 즐거움 중 하나가 아닐까? 과장하면 배낭에 바리바리 음식을 넣어온 산사우님들의 정성이 담긴 음식에 빠져 도끼자루 썩는 어리석음을 범해야 했다. 자리를 딛고 일어나자는 리더의 간곡한 부닥에도 믹는 즐거움에 푹 빠져 10분정도는 더 지체했을 것이다.

잠깐의 내리막길을 지나 30도 정도의 경사로를 오르니 봉우리 너머에 임도 비슷한 평탄하고 넓은 길이 이어졌다. 1시 50분 정도에 임도를 왼쪽에 두고 제법 심한 경사로를 따라 봉우리에 오르니 화천군과 철원군이라는 표지석이 놓여 있었다. 2

시가 조금 넘어서였고 내리막길은 눈이 녹아 가느다란 물줄기가 되어 흐르는 곳도 있었다.

10도 정도의 비교적 완만한 경사를 이룬 편안한 길이 한동안 이어졌다. 다시 좀 높은 봉우리를 넘으니 오른 쪽에 복주산 휴양림이라는 표시와 함께 갈림길이 나왔다.

선두 일행이 기다리고 있던 복주산에 올랐고 같이 합세하여 3시 10분경에 복주산이라는 표지석이 있는 곳에 도착했다. 산행 시작 후 줄곧 서둘러 앞장서던 마운틴 대장이 1시간이면 목적지에 도착할 수 있다며 여유로운 모습을 보여주었다. 생각보다 1시간은 일찍 목표지점에 도착했다는 것이다.

이제부터는 내리막길이었다, 여유로움을 보여주는 마운틴 대장을 포함한 선두를 유지하던 분들을 뒤에 두고 급한 호박돌님, 부찬님, 산사람님 양서각 넷은 내리막길을 그냥 쏘았다.

거의 45도 정도의 하향 경사로를 내려오던 그 구간이 조금 힘들었던 것 같다. 눈이 녹아 물과 질척한 흙과 바위와 자갈들이 아이젠을 긁어대니 힘들 수밖에.

골에 이르니 복주산과 광덕산을 사이에 두고 임도가 만들어져 있었다. 다음 구간이 광덕산 방향이니 오늘 구간은 마치고 한 구간의 매듭을 지었다. 산행이 전체적으로 힘들었다고 생각되지는 않았다. 못할 수도 있다고 생각했던 것을 이루고 나니 오른쪽 허벅지 근육 한 부분이 뻐근해 왔다. 버스가 기다리는 도로에 도착하니 4시 반이었고, 산 속의 해는 어느덧 다음 구간과의 연결지점인 산마루에 걸려 있었다.

홍천의 금물산

홍천군 남면 상창본리에 10시 조금 안 되어 도착한 우리는 바로 상창고개에서 산행을 시작하여 소나무 숲의 경사로를 따라 금물산을 향했다. 한적한 오솔길을 7~8분 따르다 보니 넓은 임도를 잠간 만나고 외롭게 있는 한 채의 농가주택을 내려다보며 지나는데 종다리가 여기저기 반겨준다. 오랜만에 새들의 천국이다.

오른쪽으로는 가느다란 산골마을이 멀리 내려다보이고 소나무들 사이로 진달래 몇 그루가 분홍색을 살포시 내보이며 존재를 알리고 있었다. 숲길을 따르는 동안 태양의 고도가 높아지며 이제 우리의 웃옷을 벗겨내고 있었다.

10시 40분 경 2km를 지날 무렵 잠간 임도가 나오고 한강기맥 금물산입구의 팻말이 나온다. 40분 동안 2km를 했으니 여유있는 산행을 한다는 의미이다. 바로 심한 오르막 경사를 따르다 살짝 봉을 넘으니 휴대폰은 55분을 가리키고 있어 잠간 숨을 고르고 로프에 의지하는 심한 경사로를 3~40m 올라야 했다. 편안한 길을 지나 잠간 내려 오르니 다시 편안한 길이 이어진다.

오르막 길 왼쪽으로 조림한 잣나무군락은 푸르름을 유지하고 다시 평평한 길이 유지된다. 11시 15분경 송전철탑을 지나 봉을 넘고 임도를 거쳐 다시 능선길을 따른다. 능선 오른쪽은 은빛 자작나무무리가 아직 꿈속을 헤매고 오랜만에 가랑잎길을 만난다. 솔잎과 가랑잎 길을 따라 다시 오르다 보니 진달래

보다 싱그러워 보이는 양지꽃이 외롭게 피어 있었다.

아름들이 소나무 몇 그루가 우리 옆을 맴돌며 심한 경사를 50여m지나 소나무들이 뿌리를 많이 드러내어 흙의 씻겨내림을 방지하고 있었다. 완만한 길을 내려오다 보니 왼쪽의 잣나무조림지를 지나 소나무숲길을 따른다.

양지꽃 무리와 갈풀잎 사이로 돋는 새싹과 쑥들이 고개를 내밀고 왼쪽에는 연두빛의 낙엽송이 움틀임을 하며 봄임을 확인시키고 있었다.

양지꽃무리가 온 산을 노랗게 수를 놓은 경사로를 가랑잎에 미끌리며 150여m는 오르니 11시 34분을 가리켰다. 금물산이 3.07km 남났다는 이정표를 지나 35분 소나무숲에서 점심을 해결하고 57분 오후의 산행이 시작되었다.

살짝 내리막인 100여m의 편안한 길을 지나 45도 경사길을 로프에 의지해 100여m를 가랑잎에 미끌리며 오르다 능선에 이를 수 있었다. 잠시 암릉을 지나 12시 10분부터 거치른 암릉길 시작된다. 가랑잎 깔린 길을 오르는 등 봉의 정상근처에서는 60도에 육박하는 경사를 올라 27분에 사방이 조망되는 조그만 암봉인 양지봉에 오를 수 있었다.

아마 이 부분이 오늘 산행 중 가장 힘든 구간이었을 것이다. 여지껏 남쪽으로 진행하던 산행이 금물산이 2.4km 남아있는 양지봉에서 서쪽을 바라보며 다시 심한 암능의 내리막길을 따라야 했다. 잠간의 거리를 8분이나 걸려야 했으니 거치른 구간이라 할 수 있다.

종다리의 지져귐을 들으며 10여분 쉬다 내리막이 심한 진달래 군락지를 내려와 살짝 올라 평평한 능선길에 접어든다. 조그만 암봉을 넘으니 1시가 넘어가고 있었다. 완만한 능선을 따라 내려오니 금물산 1.82km의 삼거리가 나온다. 270도 방향으로 틀어 로프에 의지해 50여m 내려오다 완만한 내리막을 지니 45분 금물산 500m 남긴 완만한 길을 따른다.

시원한 남풍을 맞으며 5~60도의 경사로를 치고 올라 776m의 금물산을 2시경에 오를 수 있었다. 점심시간 20여분과 약간의 휴식시간이 있었지만 6.6km의 산행에 4시간을 소요했으니 어려운 코스임을 알 수 있다.

정상에 오른 후의 뚫리는 기분이 힘든 산행에서의 위안이라 할까? 층층의 산에 둘러싸인 산, 그 산 위에 있는 자신을 느낄 때의 기분은 산행인이 누릴 수 있는 특권일 것이다. 오르면서 조그만해 보였던 유치리에서 이어지는 산골마을은 어느새 굉장히 넓어져 있었고 평화로운 모습으로 시야에 들어왔다.

올라온 만큼 내려와 40도에 육박하는 경사길을 낙엽에 미끌리며 30여m 오르니 다리가 풀리기 시작했다. 다시 완만히 내리막길을 따르다. 턱을 살짝 넘어 그러한 한 경사로를 지나 30도의 경사로 100여m 오르니 금물산과 비슷한 높이의 봉을 힘들게 올라야 했다. 경사가 심하기도 했지만 가랑잎이 오르는 길을 더욱 힘들게 했다.

봉을 넘어 잠간 쉬는 사이 2시를 넘긴 태양은 잠이란 놈을 살짝 끌여들였다. 갈풀은 아직 깊은 수렁이고 봉을 내려 살짝 올라 또 하나의 봉에 오를 수 있었다

주변 산줄기나 계곡에는 연둣빛이 잔잔히 깔려 있고 30분경

금물산과 우리가 계획한 오늘 산행중 가장 높은 성지봉을 연결하는 계곡에 도착했다. 그러나 성지봉 방향은 심한 오르막 경사였다. 한 산우가 힘들어 하며 손사래를 쳐 우리는 어쩔 수 없이 횡성군 서원면 유현리 방향의 편안한 계곡으로 하산할 수밖에 없었다.

10분정도 내려오니 조림을 위해 만들어 놓은 것 같은 자갈 깔린 임도가 나타나고 임도 옆으로는 가느다란 계곡물이 졸졸 흐르고 있었다. 남서향의 산을 등진 우리는 잎없는 나무지만 살짝 그늘을 만들어 주고 시원한 남풍을 맞으며 55분경 처음 시작할 때의 임도와 연결되는 넓은 임도에 접어들 수 있었다.

임도 옆으로는 계곡이 제법 넓어졌고 계곡을 따라 내려오는 길은 지루한 시멘트로 포장되어 피곤하게 했다. 3시 50분 횡성군 서원면 유현리의 6번국도에서 산행을 마무리할 수 있었다.

심한 경사로를 오른다는 것이 부담일 수는 있지만 우리가 계획했던 성지봉을 거쳐 능선을 따라 유현리 방향으로 하산길을 잡았으면 하는 아쉬움이었다. 거리상으로는 조금 짧았겠지만 오늘 산행에서 가장 높은 봉우리를 거치면서 느낄 수 있는 어떤 환상은 잃지 않았는지 모르겠다.

우리가 미지의 상태를 예측할 수 없는 상황에서의 산행에서 조금 편한 쪽을 택한다고 해서 그 방법이 결코 최선이 아님을 확인한 산행이었다. 우리 일행 중 그 코스를 거치면서 어떤 어려움이 도사리고 있었을지는 아무도 모른다. 조금의 어려움이 따랐을 지라도 한편으로 아쉬움이 남는 산행이었다.

숨겨진 북한산의 아름다움

북한산 일부

오늘 산행은 그냥 가볍게 산을 오른다는 생각으로 시작했다. 산행을 한 시간 정도 하고 나서는 아쉬울 것 같다는 생각과 개운치 않을 것만 같은 그런 기분이었고, 그래서 시간 개념이나 위치 같은 것도 염두에 두지 않았었다.

다만 오늘 산행은 산행을 위해 모였지만 산행을 위한 산행이 아니라 산에 오른다는 의미만 부여한다는 느낌이 들었다. 최소한 산행을 시작하면서 점심 식사 전까지는……

연신내역에서 만나기로 약속한 시간이 10시 반이었고, 어느 정도의 시간을 지체한 다음 연신내 역사를 빠져나왔다. 도심을 빠져나와 불광사 입구 바로 직전의 어느 식당 앞 공터에서 간단히 인사하고 불광사를 지나 오른쪽 계단을 내디디며 족두리봉을 향해 한 걸음 내디뎠다.

역시 북한산은 서울 시민에게 허파와 같은 역할을 해주는 산이라는 것을 다시 한 번 확인해주는 것 같았다. 또 산행을 하는 길이 수천의 경우의 수가 있다. 매번 산행을 할 때마다 새로운 느낌이 든다.

가을바람인 것 같은 봄바람, 족두리봉까지 이어주는 소나무 숲길,……

그 사이를 조선시대의 양반이 되어 유유자적하며 한 걸음씩 발길을 옮겨갔다. 땀이 흐를라 치면 등으로 살짝 불어오는 서북풍이 어느새 땀방울을 식혀줬다. 산행하기에 아주 좋은 마치 가을 같은 청명한 하늘이었다.

앞만 보며 내달리던 여늬 산행과 달리 발바닥 밑의 흙길도 보고, 돌길도 보며 묵묵히,...... 사방을 둘러보며 산을 느꼈다. 오른쪽은 송림사이로, 혹은 맨 모습의 도심(은평쪽)전경, 왼쪽은 불광사에서 향로봉을 이어주는 아기자기한 응봉능선이 나무와 바위가 잘 어우러져 굴곡의 아름다움을 뽐내고 있었다.

11시 20분 경에는 발 빠른 주당들이 은평구 일원이 훤하게 내려다보이는 곳에 자리 잡고 호연지기(?)를 키우는 데 시동을 걸고 있었다. 오르던 방향인 서북쪽으로 멀리 조그만 산봉우리들이 계속 이어져 눈에 들어오고, 서쪽으로는 고양시 일원의 아파트 단지들과 적당한 산봉우리들이 이어졌다.

족두리봉 아래에 다다랐을 때가 11시 40분이다. 1시간에 1.1 km 밖에 오르지 못할 만큼 여유로운 산행을 하고 있다는 반증이다. 그 곳의 전경 또한 일품이었다.

맑은 하늘, 동과 남, 서쪽이 모두 확 트여 서울 중심가에서 남산과 유유히 흐르는 한강, 그리고 관악산과 63빌딩 등 서울의 많은 전경과 고양시의 전경까지 들어왔다. 약간의 박무현상은 있었으나 시정이 좋아 멀리까지 내다보였다.

족두리봉 바로 아래서 족두리봉을 오른쪽에 두고 왼쪽으로 우회하여 향로봉으로 향했다. 향로봉을 향하는 길도 소나무가 주로 푸르름을 지켜주고 있었고, 족두리봉에 이어 또 향로봉을 우회하여 고불고불 돌아 비봉 아래 그늘에서 점심식사를 했다.

그곳은 마침 모 고등학교 출신들의 시산제가 이루어지고 있었다. 몇 군데 인공적인 터가 닦여진 꽤 넓은 곳이었다. 미안한 마음 가득 않고 이웃을 의지하여 포식을 할 수가 있었다.

그렇게 식탐에 빠져 1시간 이상은 소요한 것 같았다.

그 곳에서 적당히 내려오나 했는데 사부작사부작 오르기 시작했다. 먹여놓고 고기 잡으려나? 그동안 편안한 산행이었는데. 숨이 찰 정도는 아니어도 송글송글 이미에 땀방울이 맺히기 시작했다.

우리는 봉우리 옆 교착지에서 산사우 다른 한 팀과 합류했다. 그런데 또 봉우리 하나를 우회하는 것이 아닌가? 다시 향로봉을 향하면서 또 봉우리는 오르지 않고 다시 우회했다. 우회하는 길은 바윗길에 경사가 심해 자칫 위험상황을 초래할 수도 있었다.

대체로 편안한 산행이었으나 오후의 산행이 좀 힘들었던 같다. 또 계획했던 산행과는 약간 비껴 가깝게 질러 내려온 것이라는 생각도 들었다.

탕춘대공원 지킴터에서 구기동 계곡길로 방향을 돌려 바로 하산했다. 마음 한 구석에 조금은 싱겁다는 느낌이 드는 산행이었다. 내려오는 길에 누군가 세월의 흐름을 아쉬워하는 표현을 했었는데,...... 어떻게 하면 시간을 잡을 수 있을까? 그러나 자연의 흐름에 역행할 수는 없다.

경칩이 며칠 남지 않았는데 성급한 개구리 한 쌍이 구기터널 옆 물이 조금 고여 있는 곳에서 짝짓기를 시도하려는 모습이 들어왔다. 자연은 순리다. 정녕 봄이 우리 앞에 성큼 다가왔고 우리도 자연의 흐름에 순응하며 살아가야 될 것이다.

치악산

우리를 태운 버스가 구룡사입구에 도착한 시간이 9시 8분이다. 입구 주변엔 고만고만한 구멍가게 들이 우리에게 눈인사들을 하는 것 같았다.

필요한 것들은 알뜰한 운영 총무님이 거의 준비해 왔으므로 우리는 대략 행장을 챙기고 9시 15분 산행을 시작했다. 입구에서부터 죽죽 뻗은 소나무들이 푸르름을 자랑하고 있었다.

산행에 들어서면서 바로 임도가 우리를 맞아주었다. 흙과 시멘트로 포장된 약간의 오르막 경사길이다. 간간이 굵은 소나무들도 섞여있었지만, 3~400여 미터 정도는 전나무 숲길이었고 여러 잡목들과 제법 굵은 소나무들이 혼재한 길이 이어졌다.

10여분 정도 지나 맑은 개천에 얹혀놓은 듯한 데크길을 따라 4~5분을 지나는 동안 역시 굵은 소나무들이 같이 동행을 해주었다. 소나무 숲에서 솔향을 느끼지 못하는 아쉬움이 있었지만, 가교 아래 맑은 계곡과 어우러져 운치를 제공해 주었다.

구룡사를 지나 바로 계곡과 접한 임도를 지나며 대곡 안전지킴터에 다다른 것이 9시 38분이다. 5분정도 쉬고 출발하는데 25cm 정도의 사각형 돌을 죽 깔아 연결한 부분이 나왔다.

평탄을 유지하던 임도가 드디어 마각을 드러내기 시작했다. 조금씩 가파른 상태를 보인 것이다. 기껏 5%정도를 유지하더니 15%정도는 되는 것 같았다. 우리가 사분오열 흐트러지기 시작한 시점이고 세렴 안전지킴터 도착이 10시경이다. 다리난간 구조물이 있어 얼굴을 빼곡히 내밀고 단체사진 촬영을 하며 5분정도는 소요했을 것이다.

지금부터가 오늘 산행의 백미다. 다리를 건너며 비로봉을 향한 첫 걸음이 바로 인공구조물의 계단이 이어지는 험악한 상황이 전개된다. 경사도는 3~40노는 될 것이다. 여기서부터 비로봉까지는 인공구조물이던, 자연스럽게 만들어진 길이던 간에 계속 능선으로 이루어진 길이다.

다시 45도 정도의 바위계단이 100여 미터는 이어지는 것 같았다. 또 잠간 평지가 나왔으나 곧 45도 정도의 돌계단을 거치며 바위윗길을 지나 바로 방부목으로 흙이 흘러내리지 않도록 만들어진 계단에 이어 다시 돌길이 이어졌다.

돌길을 오르니 안내 표지와 함께 소나무 몇 그루 있는 공터에서 거친 숨을 달래야 했다. 목을 축이며 10여분 지난 후 다시 바로 돌길로 이어지는데 해발 850미터 이상의 곳이다. 치악산의 특징은 돌과 소나무인 것 같다.

다시 10분여를 오른 후 사다리병참길(병참은 영서지방방언의 절벽을 뜻한다고 안내문에 표시되었다)에 다다른 것이 10시 45분이다. 3분 정도 오르고 보니 오른쪽으로 거의 90도에 육박하는 절벽이 현기증을 일으킬 것처럼 아찔하게 서있었고, 왼쪽 역시 위로 올려다보는 절벽이었다. 그 사이를 오르다보니 왼쪽에 우회길이 눈에 들어왔으나 이미 지나버린 뒤였다.

1m 정도의 길 양 옆으로 절벽이 부분적으로 형성되어 있었다. 돌과 흙으로 이루어진 길이 계속 유지되는 동안 11시 경쯤에 중간 중간 얼음이 나타나기 시작했다.

'결빙구간 위험!' 이라는 현수막을 지나친 것 같은데, 아이젠을 챙겨오지 못한 부담이 현실로 다가왔다. 약간의 얼음이 보였어도 "괜찬겠지" 했는데, 조그만 봉우리 너머에서 빙판길로 솟아난 것이다.

안내표지목에 해발 892m, 비로봉 1.7km지점으로 이제부터는 결빙구간이 시작된다. 11시 6분에 아이젠을 하느라 지체하고, 부찬님과 아이젠을 한 짝씩 나눠 착용해야 했다. 미안한 마음이 산을 오르고 내려오는 내내 이어졌다.

산사우 한 분이 아이젠을 준비하다 절벽 아래로 굴려 발을 동동했다. 일행 중 한 명이 그 아이젠을 건져 올려보려고 했지만 쉽지 않았다. 그들도 서로 한발에만 착용하고 산행을 이어가는 모습이 우리와 같은 처지였다.

주변은 눈이 녹지 않은 설산이었고, 결빙길은 40%는 됨직한 경사로였다. 설산의 결빙길을 따라 4~50분, 해발 1,170m의 안내표지목이 선 곳에 도착한 것이 11시 52분 이었다. 아이젠을 찬 발쪽의 무릎과 허벅지 근육이 약간의 고통을 일으켰다. 그래도 다행스러운 것은 로프라던가 나무난간을 잡을 수 있었기 때문에 위험으로부터 약간은 보호받을 수 있었다.

정상 바로 직전에 이르니 서리꽃이 핀 나무들이 온통 산 정상을 아름답게 덮고 있었다. 응달이었기에 가능하지 않았을까? 누군가 "상고대다!" 라고 감탄했다. 너나 할 것 없이 온 산을 뒤덮은 새하얀 눈꽃이 연출한 절경에 모두 황홀한 표정을 짓고 있었다. 나 역시 이 절경을 담으려 셔터 누르는 재미에 빠져버렸다. 역시 추억은 한 장의 사진에 담는 것이 제격일 것이다.

해발 1,288m의 비로봉 정상에 오른 것이 12시 10분이었고,

치악산의 전나무 숲길과 정상

치악의 눈꽃

북동에서 남서방향을 향해 올라왔던 우리는 드디어 충분한 태양광을 온몸에 받을 수 있었다. 이제 동, 남, 서로 겹겹이 이어지는 능선들과 띄엄띄엄 들어오는 농촌풍경, 서북쪽으로 들어오는 도시풍경 등에 가슴이 확 트이는 상쾌함이었다.

정상은 우리 산사우가 한 자리에 모일 수 있는 넓은 곳이 없었다. 겨우 예닐곱 명 정도? 후미팀과 같이 모였어도 같이 한 집에 머물 수는 없었을 것이다. 후미팀과 점심식사 후 1시 15분에 이르러서야 정상에서 합류할 수 있었다. 세렴지킴터에서 같이 촬영한 뒤 3시간 만에 한 자리에 모인 것이다.

올라올 때는 능선을 탔지만, 내려갈 때는 계곡길이었다. 겨울철에는 능선보다는 계곡이 더 힘들 수도 있다. 고지대에는 기온이 낮아 눈과 얼음이 많이 보존된 상태여서 힘들 수밖에 없었다. 정상 10여m는 녹는 듯한 느낌이었는데 그 아래로 내려오니 북향인데다 태양이 가려져 눈이 많이 쌓여 있었다.

정상에서 800m 정도 지점에 내려왔을 때는 홀로 떨어져있는 자신을 알아차렸다. 처음엔 선두에 합류했지만 어느 순간부터 혼자였다. 앞과 벌어졌고, 후미팀과도 벌어진 것이다. 1시간 반 정도는 거의 혼자였다. 한 쪽의 아이젠이 그래도 안전할 수 있었다면 약간의 고통도 수반되었다.

지난번 윗세오름에서 다른 사람을 썰매를 태워줬다면 치악산에서는 스스로 썰매를 이용해야 했다. 혼자서 추억을 만들며 내려오는 재미에 부끄러워 할 이유를 못 느낀 것이다. 경우에 따라서는 네 발로 내려오고, 아니면 엉덩이를 포함한 다섯 개의 발을 적당히 활용해 내려왔다. 내려오며 걱정은 한쪽 아이젠으로 내려올 부찬님 생각이 계속 자리하고 있었다.

내려오는 길에 세 분의 낯선 여성이 더 오를까를 고심하고 있었다. 한 분은 아이젠을 했는데 나머지 둘은 아이젠을 하지 않아 그냥 하산하는 게 좋겠다고 했고 위험한 요소가 있으면 피해야 하는데 그 시간 이후 보지 못했다.

50분 정도 내려오니 약간의 흙길이 뜨이기 시작했다. 계곡엔 졸졸 물이 흐르고, 흙과 얼음 섞인 돌계단이 잠깐 이어졌다. 비로봉과의 거리가 1.8km 정도쯤의 눈밭을 내려오는 중 누군가 검정비닐의 쓰레기봉투를 바위틈에 끼워놓은 얌체짓을 한 것이 눈에 띄었다. 물론 투덜거리며 주워오긴 했지만, 공중도덕을 지켰으면 하는 바람이다.

2분쯤 내려오니 덩굴식물인 다래나무가 군락을 이루고 있었다. 수량이 풍부하고 계곡이 깊다는 의미일 것이다. 이제 눈도 어느 정도 녹아내리는 것 같았다.

아이젠을 풀고 25분 정도 더 내려오니 제법 계곡에 물이 많이 흐르고 있었다. 항상 산행에서의 방심은 금물이다. 잠깐 만난 일행이 다치진 않았지만 미끄러지고 말았다. 계곡을 이어주는 가교를 몇 개 지나고 계곡을 벗어난 길을 따르다 가파른 방부목 계단을 통해 계곡과 다시 접했다.

2시 49분에 세련 안전지킴터에 도착했고 그 뒤로는 아침에 오르던 길을 그대로 따라 내려오면 되었다. 구룡사에서 선두와 만난 시간이 2시 51분이다. 그 곳에서 촬영도 하며 시간 소비하고 버스에서 내리던 입구에 도착하니 3시 45분이었다. 30여 분이나 지난 뒤 후미팀이 도착하여 합류할 수 있었다.

한북정맥 2구간

광덕산 정상
1.05km
포천시
광덕고개
1.39km
포천시

광
덕
산
1,046 m
포천시

한북정맥 제2구간

하오현→회목봉→회목현→상해봉→광덕산→광덕고개→도마봉→연결구간 (도상거리 약 21km)

우리를 태운 버스가 하오현에 도착한 시간이 예정보다 빨라 20분의 여유가 생겼다. 1구간과 2구간의 연결지점인 하오재에서 20여분은 소요한 다음 9시 22분에 하오재를 출발했다.

시작부터 경사가 거의 40도에 가까운 오르막길이었고, 폐타이어를 활용해 만들어진 계단의 쿠션이 무릎을 보호해준다는 느낌이 들었다. 엊그제 서울에 내린 비가 산간지역에는 눈으로 바뀌었는지 하얀 눈이 조금 쌓여 있었다.

타이어길은 보존된 상태지만 그 옆의 자연길은 빗물에 씻겨 좀 패여 있었다. 그 길을 헉헉거리며 오르다보니 9시 30분경 잠깐 평평한 길이 나 있었다. 다시 오르막길을 10분여 하는 동안은 음지여서 적당한 흙길에 얼음이 혼재해 있었다.

경사가 약간 줄어든 20도 정도의 흙길이 10여분 이어지고, 경사도의 높낮이가 바뀌기를 몇 차례. 약간의 오르막을 거쳐 평지를 100여m 지난 뒤 10시 3분에 회목봉에 도착했다.

회목봉 아래 남향받이에서 발밑에 들어오는 평화로운 산골마을 정경과 멀리 흰 눈으로 덮인 하얀 산들을 바라보며 간식으로 입을 즐겁게 해준 뒤, 10시 20분 오르막길을 내디뎠다.

응달의 오르막길은 잔설에 새로 내린 눈이 덧쌓여 약간의 눈길을 이루고 있었다. 7~8분 정도 후에 마사가 살짝 깔린 30도 정도의 내리막길을 10여분 걷다 잠깐 평평한 길을 지나 10

시 40분경 회목현 도착했다.

40도 정도의 내리막바윗길을 거쳐 100여m 올라 내리막 경사가 이어졌고, 이어 포장된 도로가 우리를 기다리고 있었다. 왼쪽엔 새로 짓는 건물 2동이 보였고, 아스팔트길을 따라 헬기장 옆에서 한 산사우가 오른쪽 바위로 이루어진 봉으로 안내했다.

조그만 봉우리를 지나 상해봉에 도착한 것이 11시 20분이었고, 바위로 이루어진 3개의 봉우리였다. 사방이 트인 봉에서 둘러본 눈 덮인 산들의 전경은 겨울로 착각하게 했다.

봄과 겨울이 공존하는 상해봉을 10여분 감상하고 내려오는데 사우 한 명이 그만 눈길 위에서 근육경련을 일으켜 약간의 시간을 소요하고 헬기장 아래 도착하니 12시였다. 선두는 가장 행복한 모습으로 가져온 음식들을 자랑하고 있었고, 우리도 틈 바구니에서 점심을 해결할 수 있었다.

12시 30분 다시 도로를 따라 아까 보였던 새 건물 쪽으로 발길을 옮겼다. 두 건물 중 한 동은 광덕산 기상레이다 관측소라 쓰여 있었다. 평평한 흙길을 따라가다 보니 목표지점 중의 하나인 광덕산이 우리를 반겼다.

광덕현(광덕고개)과 광덕산 방향을 나타내는 안내표지목을 지나 오르다보니 눈 녹은 물이 졸졸 흐르면서 봄을 실감할 수 있게 했다. 30도의 내리막을 거쳐 또 광덕고개와 광덕산 방향을 나타내는 안내표지목(1시 15분경)이 나왔다.

이때부터 30여분의 산행이 오늘의 백미다. 곧게 하늘을 향해 치솟은 잣나무 숲에 접어든 것이다. 부분적으로 우리가 밟는 길들은 햇볕이 그리워 몸부림치는 곳도 있을 만큼 그늘이 시원하게 해줬다. 잣나무 낙엽이 깔린 황톳길을 걸으며 한 마디씩 감탄사가 이어지고 내리막을 치달았다.

광덕고개에 도착이 1시 45분이고 10여분 쉰 뒤 출발하여 짧지만 가파른 철 계단을 지나 30도 정도의 오르막길을 100여m 오르니 산책길 같은 흙길이 봄임을 실감케 했다. 눈과 얼음을 녹이는 북서풍이 오른쪽 볼을 간지럽혔다.

오르내리기를 25분 정도 반복하다보니 지나온 광덕고개 0.88km, 백운산 정상 2.32km가 남았다는 안내판이 나왔다. 30도 정도의 얼음, 자갈, 흙으로 이루어진 오르막길을 4분 정도, 또 편안한 길을 번갈아 하다 보니 어느덧 3시였고 사방이 트인 봉우리가 나타났다. 연무가 아쉬움이었다.

평평하던 길은 잠시 오르막 경사의 눈길로 바뀌며 약간 힘들어 하는 기색들을 보이기 시작했고 후미에서 따르다 내빼기 시작한 것이 여기였다. 심한 경사로를 치고 올라가니 선두가 산마루에서 기다리고 있었다. 3시15분에 해발 925m의 백운산에 도착했고, 이어 약간 늦은 후미가 도착하여 합류하였다.

높은 지대였지만 꼭 야산 같다는 느낌이 들만큼 능선길은 평평하였다. 낮은 산이나 들에서 보이는 말라 고개 숙인 들풀과 가랑잎이 깔려 검은 흙길이 편안함을 안겨줬다.

3시 20분경 얼음 섞인 오르막을 지나니 외로운 ㄷ자의 벤치 하나가 등산객을 기다리고 있었다. 평평한 길이 조금씩 경사를 높여가며 산행의 묘미를 느끼고 산들산들 서풍이 땀을 식혀주는 사이 3시 35분 삼각봉이 우리를 맞아줬다.

5분정도 휴식 후 컨디션이 안 좋은 산사우를 제외하고는 생각보다 견딜만하다는 느낌이 들만큼 산길을 오르내리는 동안 왼쪽 산을 덮고 있는 잔설이 추억에 남을 것 같았다.

오르내리막은 있었지만 평탄한 길을 지나며 "여름엔 저쪽 도마치계곡 굉장히 좋십니더" 라고 말한 이정표님의 말을 여운으로 남기고 15분쯤 내려오는데 누군가 "물이다!" 라고 외쳤다. 꿀맛 같은 석간수로 목을 축이니 그 시원함이란,……

오른쪽을 바라보니 도마치 계곡방향으로 누군가 조각해 놓은 듯한 바위들이 아름다운 모습을 연출하고 있었다. 도마치봉을 내려오는데 다래덩굴이 유혹하는 것을 기억하며 해발 880m의 도마봉에 이른 것이 4시 5분이다. 이어지는 갈대와 함께하는 하향경사로를 따르면서 사방이 트인 시원함을 보여줬다.

잠깐의 오르막길을 치고 헬기장에 도착했고 이어지는 억새길을 따라 내려오는데 큼지막하게 화천을 자랑하는 안내간판이 눈에 들어왔다. 아! 이제 오늘의 산행을 끝마쳤구나! 힘들긴 했지만 산행을 마친 그 느낌은 어떻게 표현할까?

온상에 곱게 자란 화초도 모진 비바람과 갑작스런 외기나 새로운 환경에 놓여질 때 심한 몸살을 한다. 그러나 살아가면서 어려운 과정을 겪어 본 사람은 갑작스런 난관에 부닥쳐 헤쳐 나갈 때 유연함을 보일 수 있다.

산행에서의 힘든 과정을 거침으로써 사회생활에서의 어려운 상황에 부닥쳤을 때 조금은 쉽게 풀어나갈 수도 있을 것이다.

5시 20분에 아래에서 아침에 우리를 태워줬던 버스가 기다리고 있었다. 힘들어하는 나에게 3구간도 같이 하자는 토순님과 부찬님의 격려를 받으면서 한북정맥 2구간도 마무리했다.

장미공원에서

현대인들은 자기가 처한 위치에서 행복을 추구하려 노력하며 살아갈 것이다. 금전적 측면에서의 행복이던 문화적인 측면에서의 행복이던 상황에 따라 자기의 생각이 있을 것이다.

산을 좋아하는 우리는 청명이고 식목일이며 4월의 첫 번째 토요일인 오늘도 나름대로 그 행복을 추구하기 위해 북한산으로 향했다. 어제 조금 내린 비가 대지를 식혀줘 지난 며칠 동안의 더위는 가시고 산행하기엔 아주 좋은 날씨였다.

고봉대장을 중심으로 최인선, 노래, 석천, 디제이, 산초, 처음그대, 박카스, 사과, 양서각 열 명이 장미공원을 출발한 게 10시 20분이다. 시작 전부터 불광동 쪽 산자락의 하얀 벗꽃들이 눈을 즐겁게 해 주었다.

대부분의 산행이 그렇듯이 오늘도 장미공원에서의 산행도 가파른 경사로로 시작되었다. 자치단체들이 주민들의 편의를 위해 시설물을 설치한 계단길이었다. 계단길과 자연로를 따라 진달래를 감상하며 쉼터를 지나 오르기를 20여분. 서대문구에서 경관을 조망하기 좋은 곳으로 지정했다는 지점에 도달했다.

위로는 왼쪽부터 족두리봉, 향로봉, 비봉, 사모바위, 승가봉, 나한봉, 문수봉, 보현봉이 한 눈에 들어왔다. 보현봉 옆으로 형제봉이 이어졌고 지나온 방향 아래로는 불광동 일대의 도시 전경이 들어왔다.

오늘은 산행을 시작하면서부터 눈 높이정도 크기의 진한 연둣빛(녹색? ; 표현 어려운 아름다움) 소나무들이 진달래와 잘 어울리며 우리를 따라다녔다.

길 패임을 방지하기 위해 3m정도의 간격으로 흙이 빗물에 씻기지 않도록 지탱해주는 굵은 각목을 설치한 곳도 있었다.

약간의 오르내리막은 있었지만 대체로 평탄한 흙길과 돌길, 가끔씩은 단단한 마사토로 이어진 길이었다. 오가는 등산객과 비껴가기도 하며 지나다 보니 정자라 하기에는 좀 작은 비가림막이 쉼터에 한가로워하는 사람들, 그 옆 활짝 핀 한 그루의 벗꽃을 배경으로 촬영에 열중한 사람들을 지나치기도 했다.

10도정도의 약간 내리막길을 지나는 동안 오른쪽으로 홍은동의 아담한 마을과 크지 않은 벗꽃 몇 그루가 화사하게 들어왔다.

다시 약간의 오르막 돌길을 지나 잠간의 흙길은 수십 년 아니면 수백 년을 이어졌을 세파에 길 주변보다 10cm 이상은 패여 있었다.

11시에 홍은동을 내려다보는 명당이 나타나 자리를 잡아 바위를 등지고 남향의 평평한 공터에 40평짜리 아파트를 급조하였다. 소나무들과 잘 어우러진 화사한 벗꽃들을 눈요기하며 무려 30분 가까운 시간을 즐길 수 있었다.

마사 깔린 바위를 살짝 지나니 옛 성터가 조그만 통행로와 함께 탕춘대성 암문이 들어왔다.

암문을 통해 입성한 우리는 오른쪽에 탕춘대성을 두고 편안한 흙길을 걸을 수 있었다. 노란 개나리가 석성길을 따라다니고 밖에서 볼 때는 1m 정도의 높이였는데 안에서는 지형적인 탓에 흙에 거의 묻혀있는 것 같았다.

어떻게 걷다보니 성이 왼쪽으로 옮겨져 왔다. 오른쪽엔 아직도 홍은동이 우리 옆을 떠나지 않고 있었다. 홍은동 방향과 석성을 낀 갈래길이 나와 우리는 성을 끼고 내려왔다. 성의 일부가 훼손된 곳도 있었으나 보수는 되지 않았다.

분홍빛 진달래가 이따금 즐겁게 해주는 동안 성벽을 의지한 상명대학교와 만나게 되었다. 담을 낀 거친 흙길을 내려오다 보니 화사한 벚꽃이 "나는 아직 살아있오" 라며 자태를 뽐내고 있었고 어느덧 11시40분이 지나고 있었다.

세검정 삼거리에 도착하여 큰 길을 가로질러 석천님은 대원군별장에 문안 인사하러 가고 우린 인왕산으로 향했다. 입구는 나무구조물로 시작되었다. 보수한 성벽 옆으로 나무계단이 가파르게 설치되어 있었다. 오르면서 흘깃 뒤돌아보니 홍은동방향 바위산을 개나리가 노랗게 덮고 있었다.

계단을 지나고 잠간 흙길을 지나는 동안 분홍빛 진달래와 시원한 바람이 함께 했다. 잠간 가파른 길을 올라 다시 석성과 만나고 오른쪽으로는 자동차들이 거북이걸음을 하는 내부순환로도 눈에 들어왔다.

성벽을 일부 대신하는 바위는 7~8m의 절벽상태였고 바위를 지나 완만한 흙길과 바윗길이 이어졌다. 바위에서 돌아보니 평창동, 구기동, 부암동이 내려다보였고 형제봉, 보현봉, 문수봉도 눈에 들어왔다.

약간 오르니 평평한 흙길과 폐쇄된 벙커인 시멘트구조물이 나타났다. 그 옆 철조망 앞에 우리가 사용할 수 있는 잔디밭(잡풀인데 말라서 잔디와 비슷)이 반겨줬다. 어린 시절의 소풍

만큼 즐거운 시간에 1시간 40분이나 빠져야 했다.

2시 25분에 자하문터널 앞 창의문을 거쳐 백사실방향으로 향했다. 아스팔트길을 지나는 동안 갑자기 우중충한 구름과 바람이 흰 벗을 낙화시키며 빗방울도 떨어뜨렸다. 1980~90년대식의 도시풍경을 연출하는 문화의 느낌이 들게 하는 부암동의 석축 옆길을 따라 사부작거리며 옛스러운 거리를 지났다.

포장길이 끝날 무렵 화사한 벚꽃 한 그루가 눈길을 끌었다. 그곳을 지나는 동안 건물을 짓느라 산을 깎는 모습이 눈살을 찌푸리게 하게 했다. "최인선님이 저곳이 청계천 발원집니다" 라며 오른쪽 공사장 너머를 가리켰다.

마을을 지나 편안한 흙길 옆으로 옅은 자주색의 아름다운 노송이 눈에 들어왔다. 소나무들과 함께 진달래도 여지껏 우리와 함께 하고 있었다.

백사실계곡에 접어들어 오른쪽으로 능금마을이라는 표지목을 지나 평탄한 하향길을 따르는 동안 계곡물이 졸졸 흐르고 있었다. 아름다운 계곡물도 흐르고 아늑하며 서울의 전형적인 산골마을인 능금마을을 거치지 않았다. 계곡 옆에는 집터 비슷한 곳을 지나 내리막길을 따랐다.

평탄 흙길을 지나 넓은 바위가 바로 길인 곳에 접어드니 3시경이었고 도시에 접할 수 있었다. 바위 위를 따라 흐르는 맑은 물이 청량감을 주었고 그 옆의 현통사라는 절이 자리하고 있었다. 현통사 아래에 바로 마을이 형성되어 있었고, 조금 내려오니 세검정길이 나타나며 산행을 마무리 했다.

평야지대에 솟아난 월출산

숨은벽 찾아가기

숨은벽 등반

오랜만에 가는 곳이라 서둘러 집을 나서 여유로운 출발이었다. 전에는 그렇게 복잡하지 않았는데 구파발역에서 많은 산꾼들이 줄을 서 기다리고 있어 버스를 포기하고 일행과 함께 택시를 이용해야 했다. 효자2통 버스정류장에 도착하니 정류장 옆 구멍가게 안에서 낯익은 얼굴들이 모습을 드러냈다.

10시 30분 밤골을 출발하여 20여분 정도는 아주 편안한 길이 우리를 이끌었다. 노폭이 2m는 넘는 경사도 5% 정도의 오르막 흙길이었다. 여지껏 산행중 이렇게 편안하게 시작한 기억이 떠오르지 않을 만큼 완만한 흙길이었고 죽죽 뻗은 소나무 숲이 신선한 향을 가세했다.

20분 정도 지나 10여m 시멘트 포장길이 나왔으나 곧 흙길이 나오고, 5분 후쯤 길이 좁아지며 돌들이 박혀있는 약간의 경사진 소로에 접어들었다. 주변에는 분홍색 진달래들이 숲 여기저기 수를 놓고 있었다.

잠간 20도쯤의 경사로가 있었으나 다시 평평한 길을 지나며 계곡에 접어들었다. 계곡에 들어선다는 것은 북한산에서는 돌이 많다고 생각하면 될 것이다. 이때가 11시 정도 되었을 것이다. 분홍빛 진달래가 우리 주위를 맴돌기 시작했다.

이제부터는 흙길이 가끔 있었지만 거의 돌이 박혔다던가 돌길로 이루어졌다 생각하면 될 것 같다. 계곡엔 흐르는 물이 상쾌하면서도 편안한 기분을 안겨줬고 넓은 바위를 타고 흐르는 물이 바위 아래에 물웅덩이를 만들어 놓은 곳도 있었다.

소나무와 활엽수가 혼재한 숲을 진달래가 있어 황량함을 덜어줬고 갈참나무들이 이제 막 연둣빛 싹을 피워내기 시작하여 희망이라는 단어를 생각하게 했다. 모든 생명이 소중하지만 참나무 한 그루의 시듦병을 고치기 위해 나무영양제를 대여섯 개 꼽아 놓은 것이 눈에 뜨여 그렇게 소중한가 하는 느낌이 들었다.

11시 20분경 약간의 경사는 있었지만 우리 18명이 휴식할 만한 바위가 있어 막걸리 한 잔으로 목을 축이고 다시 마사가 섞인 경사로를 오르기 시작했다.

밤골 1.4km 지났다는 표지목을 지나치며 경사 삼십도 정도의 돌길이 우리를 이끌었다. 이제부터는 소나무들이 우리를 위협할 만큼 크지는 않았다. 소나무 사이를 뚫고 불어오는 서풍이 땀을 식혀주는 동안 약간의 내리막길을 잠간 접한다.

저만큼 앞 백운대에서 연결되는 능선의 아름다운 모습이 들어왔다. 이제부터는 경사 30도 정도의 바위던가 돌길로 이루어진다. 오르는 동안 경사도 좀더 심해지고 서풍도 강하게 우리의 등을 밀어주고 있었다.

11시 45분경 좀 볼록한 바위 위에서 잠간 올라오던 방향을 내려다보니 완만한 경사를 이루는 녹색의 소나무 숲이 들어오고 눈높이 보다 약간 낮은 북쪽으로는 노고산에서 이어지는 산등성이들이 들어왔다. 남서쪽으로는 고양시, 파주, 김포의 아파트들이 그리고 유유히 흐르는 한강의 모습도 눈에 들어왔다.

경사가 잠간 멈추는 사이 여지껏 경사로를 올라왔으나 바위를 옆으로 가로지르는데 나무로 설치한 난간이 흔들려 위험할 수도 있다는 생각이 들었다. 조금 위에는 쇠파이프 난간이 버터 안정감을 주어 다행스러웠다.

빨래바위를 거쳐 해골바위를 오르는 동안 몸뚱아리가 날아갈 것 같은 강풍이 몰아쳤다. 굳이 위험한 길을 택할 필요가 없다 생각하고 우회하여 마당바위에 올랐다. 바람이 심한 가운데 마당바위에서 둘러 본 전경은 일품이었다.

백운대와 인수봉이 절묘하게 이루어진 조화로움, 반대방향의 멀리 바라보이는 다른 산등성이와 도시들의 잘 어울린 모습들도 산행을 하는 이유에 포함시킬 수 있을까?

바람을 등지고 잠간 흙길이 있었으나 바윗길을 따라 산행은 계속되었다. 적당히 솟은 송신탑이 있는 곳에서 늦게 출발한 산사우를 기다리는 몇 분을 뒤에 두고 심한 경사길을 내려가 12시 20분에 자리를 잡았다.

따사로운 햇볕이 드는 곳이 높은 지대의 바위 사이에서 적당히 크지도 않으면서 멋지게 자란 금강송도 감상할 수 있는 곳이다. 최고의 행복을 만끽하는 푸짐한 점심을 해결할 수 있었다.

55분을 소요하고 시원한 서풍에 밀려 다시 오후산행이 진행되었다. 백운대가 1.8km 남았다는 표지목을 시작으로 2분쯤 40도정도의 오르막 경사로를 지나 오른쪽으로 절벽이 아찔하게 들어왔다!

절벽길을 지나 숨은벽 아래 무슨 바위인지 굉장히 위험해 보였다. 더구나 강한 바람에 다른 산사우들은 강행했지만 자신이 안 생겨 우회했다. 우회하는 길목의 절벽 아래 초소 안에서

국립공원 관리직원들이 별 표정 없이 근무하고 있었다.

바위에서 50여m를 내려와 숨은벽 옆의 오르막길을 오르면서 감탄사와 함께 길을 만드신 옛 어른들의 희생에 새삼 고마움을 느꼈다. 아마 해발 700m는 족히 되고 경사도 50도는 넘을 것 같았다. 힘들었지만 여기가 오늘의 백미白眉다.

얼마나 많은 인력을 동원하여 그 큰 돌들을 움직여 길을 만들었을까? 물론 처음 산행을 시작하면서부터 만들어진 길들도 같은 노력을 쏟았겠지만 이렇게 험한 경사로에 어쩌면 자의적이었을 수도 있는 … 봉사정신이라 생각하고 싶다. 거리가 200m는 넘지 않았을까?

숨을 헐떡거리며 험로를 넘어 3~40m쯤 내려와 인수봉 암벽 등반하는 산꾼들 구경하다 보니 만용으로 바뀌려 했으나 돌려야 했다. 여기서 암벽 등반하는 이들을 구경하며 15분정도 후에 출발했다.

오르막길을 지나 위문에 2시 20분쯤 도착하니 인산인해다. 문밖 양지쪽에서 후미를 기다리는데 감감무소식이다. 일부는 "그냥 내려가자" 고 주장했고, 대장은 같이 행동해야 한다며 더 기다리자고 했다. 20분 정도 기다리다 답답한 마음에 되돌아가보니 아니나 다를까? 부찬대장 말대로 오랜만에 산행한 분이 그만 다리에 근육경련을 일으켜 힘들어 하고 있었다.

그 얘기를 듣고 내려가던 石泉님이 "아녀 나가 가서 배낭이라두 빼어 와야혀" 하며 그도 뒤로 향했다. 우리는 그를 믿고 진행하기로 했다.

2시 50분쯤 위문에서 내려오는 데는 나무계단 위에 페타이어를 갈라 붙여 무릎의 충격을 흡수케 했다. "아이쿠 무릎이야" 를 연발하며 내려와야 했으니까. 바로 돌계단도 긴 거리는 아니지만 급경사였다. 이때 바위틈에 나타난 이름 모를 노란꽃 몇 송이에 힘을 얻고 계속 진행했다.

백여 평(어쩌면 그 이상) 정도의 공터가 나와 선두팀이 혹시 쉬고 있나 했더니 없었다. 그들은 결국 뒤풀이장소에서 만날 수 있었다. 다소 완만해지며 진달래가 또다시 눈의 피로를 덜어줬다. 그래도 가끔은 30도 경사를 유지하는 곳도 있었다.

3시 20분경 원효봉 중턱의 대동사라는 암자를 지나 돌계단 위에 또 한 분의 산사우가 근육경련을 일으켰다. 그런 속에서 우리는 원효봉 아래 계곡까지 내려오게 되었다. 바위계곡 위를 흐르는 물을 눈요기하거나 소나무 향기도 맡으며, 하다 보니 어느새 보리사라는 암자가 나타났다. 얼마 후 후미도 합류하여 잠간 휴식에 들어갔다.

개울을 건너 이젠 자동차도 다닐 수 있을 만큼 넓은 시멘트 포장길이 우리를 맞고 있었다. 계곡 위로는 벚꽃과 개나리가 잘 어울려 조화로웠고 건너편 원효봉 바위밭에는 난쟁이 소나무들이 진달래와 어우러져 있었다.

부량사(암자)를 지나 조금 내려오니 여기에서 한번쯤 살아보고 싶었으면 한 벚꽃에 파묻힌 나무대문의 고옥이 나타났다. 역시 산행의 묘미는 추억을 만드는 것일까? 솜뭉치와 같이 하얀 벚꽃 아래서 사진촬영에 열중하는 모습들.

오늘도 우리는 진달래, 개나리, 벚꽃 그리고 숨어있던 벽을 찾느라 추억을 만들고 뒤풀이장소로 향했다.

한북정맥제3구간

광덕고개→백운산→도마치봉→도마치 고개→신로봉→삼각봉→국망봉→ 견치봉→민둥산→도성고개(도상거리 19.9km. 실제거리 24km 도성고개서 구담사까지 약 4km

시간은 걷잡을 수 없이 흐르고 있다. 오늘도 수락산역에 배차하여 준 사우님들의 배려로 한북정맥 3구간을 향해 탑승했다. 버스 기사님은 조심성 있고 편안하게 우리를 도마치고개까지 안착시켜 주었다.

북한산만큼은 아니어도 도마치고개 주변도 제법 연둣빛 색깔이 넓게 자리를 잡아가고 있었다. 버스는 정확히 오전 9시에 도착하여 2~3구간 연결지점인 도마치고개까지 오르는데 노란 피나물꽃(양지꽃과 비슷한데 꽃잎은 4배 정도 넓다.)이 화사하게 피어 첫 걸음을 가볍게 해줬다. 토순님에 의하면 피나물은 독성이 있어 식용은 할 수 없다고 얘기해 줬다.

버스에서 내려 연결 지점까지 15분정도 걸렸고, 도마봉을 향한 첫 걸음을 내디뎠다. 첫 걸음이 5mm정도의 굵은 철사로 망을 엮어 돌을 고정시킨 45도 쯤의 돌계단으로 시작하여 가파른 길을 이어나갔다. 이따금 노란 양지꽃이 힘내라는 메시지를 전해주었고, 보랏빛 얼레지꽃이 홀로 애처로이 서있는 모습도 들어왔다.

또 진달래 한 그루가 세월의 흐름을 아쉬워하는 듯 시든 꽃잎을 다 떨구지 못한 모습도 눈에 들어왔다. 가파른 길을 6분정도 걸어 능선길에 올라서니 평평한 흙길이 잠간의 고달픔을

한북정맥 3구간

풀어주는 것 같았다.

능선길을 따라 편안한 길을 오르내리기를 10여분? 이름을 모르는 산새 한 마리가 가냘프게 지저귀자 잠시 후 또 한 마리가 맞장구치는 것이 서로를 알리는 것 같았다. 역시 창조주는 지구위에 존재하는 모든 생물들이 서로 어우러져 살아가도록 만든 모양이다.

주변이 아직 깊어지지 않은 봄을 느끼며 편안한 길을 따라 9시 37분경 도마봉에 올랐다. 도마봉에서 둘러본 눈에 익은 산과 도마계곡 방향으로 이어진 아름다운 바위로 이루어진 봉우리들이 2구간에서 거쳐갔음을 상기시켜줬다.

도마봉을 내려오는 잠깐의 내리막길에 이어 평평한 흙길이 이어졌다. 10여분 후 지난 가을에 스러졌던 억새며 잡풀들과 뒤섞인 가랑잎 등으로 덮여 양탄자를 깔아놓은 듯 푹신한 길이 편안한 산행을 할 수 있게 해줬다. 그 양탄자를 뚫고 나오는 새싹들의 강인함이 산행을 하는 우리에게도 새로운 힘이 솟아나게 하는 것 같았다.

지나는 길옆에는 풀잎들이 돋아나고 풀잎들 사이에 노랗게 수놓은 양지꽃과 이제야 연둣빛 싹을 살포시 내밀고 있는 갈참나무들이 이곳은 아직 봄이 깊지 않음을 느끼게 했다.

10시경 국망봉이 3.76km라는 안내 표지목을 지나 잠깐 내리막길에 이어 평평한 길이 다시 이어진다. 오늘 산행에서 가랑잎 등이 깔려 무릎과 발바닥의 부담을 덜어주는 편안한 길이 자주 나온다. 푸석거리는 마른 풀잎과 발밑에 날리는 흙먼지로 많이 가물었음을 알 수 있었고 새싹을 돋게 하거나 꽃을 피워 생명을 잇게 하는 자연의 힘을 느낄 수 있었다.

산행길 왼쪽으로 가까운 곳은 연둣빛에서 진록색 푸르름이 신선하게 들어오고 멀리는 능선들이 맥을 이어가고 있었다. 오른쪽으로는 박무로 덮인 이동면의 시가지며 농촌 마을들이 나뭇가지 사이로 뿌옇게 들어왔다.

10시 25분경 잠간의 오르막을 거치는 동안 하얀 개별꽃 무리들이 애잔하게 들어오는 길을 거쳐 헬기장을 지나며 25도 정도의 오르막에 이어 바로 심한 경사길로 이어진다. 10시 38분 다시 헬기장이 나오고 진행방향으로 바라보이는 바위로 이루어진 신령봉과 봉우리를 덮고 있는 진달래꽃 무리가 화사하게 들어왔다.

헬기장을 내려오다 다시 오른 신령봉을 내려와 평평한 곳에 자리 잡고 뒤돌아본 신령봉의 진달래꽃들은 새로운 느낌으로 또 더 아름다운 모습으로 비춰졌다. 여기서 막걸리 한 잔에 녹아나는 산행의 맛을 느끼며 10분 정도 쉬다 목표지점으로 향했다.

11시 경 25정도의 오르막길을 따르며 뒤 돌아본 신령봉에서 이어지는 조화롭게 이루어진 몇 개의 바위봉우리들은 도마봉에서 바라본 도마계곡쪽으로 향해 이어지는 바위봉들과 비슷한 아름다움을 느낄 수 있었다.

오르막길을 지나다 잠간 평평한 길에 이어 10분 정도 30도 정도의 길을 오르는데 종달새 2마리가 마치 "이젠 우리의 철이 왔다오" 라고 말하는 것처럼 조잘대고 있었다. 산행을 진행하면서 활엽수며 잡목들이 아직 동면에서 덜 깨어나 기지개를 펴는 듯 잎을 제대로 피우지 못하고 있었다.

오늘 산행은 헬기장을 유난히 자주 만나는 것 같다. 11시 30분경 또 하나의 헬기장을 지나 아주 힘든 상태가 아닌 오르내리기를 거듭하는 동안 주변 나무들은 회색으로 이루어지고 약간의 오르막에서 좀 더 심해지는 경사길을 오르는 동안 회색빛 나무들은 완전이 겨울잠에 빠져 있었다.

바윗길이 끝나며 12시 정각에 나타난 1,168m의 국망봉이 오늘 산행중 가장 높은 봉우리다. 시야가 트일 것은 당연하다. 안개로 인해 맑게 들어오지는 않았지만 주변을 둘러보며 국망봉을 뒤로 하고 100여m 내려오다 오르막을 따라 12시 10분에 도착한 헬기장에서 선두팀이 자리를 깔고 식탐삼매경에 빠져 있었다.

우리도 같이 어울어졌고 12시 40분에 명당자리를 아쉽지만 그대로 놔둘 수밖에.... 안개와 옅은 구름으로 햇볕이 가려 시원함을 느끼며 내리막길을 향했다. 약간의 경사는 있었지만 비교적 편안한 흙길을 따라 능선을 살짝 비켜 산행하는 동안 양지꽃 무리가 산행을 더욱 부드럽게 해줬다.

이렇게 사부작거리며 1시 10분에 1,102m의 견치봉에 오른다. 견치봉에서 약간의 내리막길을 따르다 능선을 우회하여 7~8분 정도 지날 즈음에 보기 좋은 두 바위 사이로 들어오는 이동면 시가지를 배경으로 추억을 만들었다. 날씨만 좋았다면 아름다운 경관이었을 것이다.

약간의 내리막길과 평탄한 길을 따르며 1시 45분경 가파른 경사길을 오르니 1,008m의 민둥산이 우리를 맞이했다. 민둥산에서 남은 음식 등으로 목을 축이며 고달파하는 다리를 위로 해줬다.

민둥산에서 바라본 국망봉에서 이어지는 점점 낮아지는 봉우리들도 감상하며 20분 정도는 소요했을 것이다.(고봉대장의 말로는 저 앞이 개이빨봉이라 했는데 어느 곳인지? 몇 개의 봉우리를 말하는지는 알 수 없다)

민둥산에서 2시 5분에 출발하여 돌 섞인 심한 경사로를 내려오는데 주변은 황량할 만큼 동면상태의 환경이다. 3분쯤 내려오다 평평한 길을 지나는데 시원한 바람이 스쳐지나갔다. 방화벽을 위해서인지 나무와 갈대들이 모두 베어져 4~5m의 넓이로 하향경사의 능선길이 만들어져 있었다. 30도 정도의 하향경사로 위에 돋아난 연둣빛 풀잎들이 눈의 피로를 덜어주었다.

2시 20분경 도성고개 2km 라는 안내가 나오며 베어진 상태의 길은 계속 이어지고 파란 새싹 위에 노란 양지꽃이 수를 놓아 새로운 느낌으로 들어왔다. 그러나 여기서 두 다리가 묵직해 옴을 느끼게 된다.

5시간 정도의 산행을 하였으니 아무리 흙길이라 하여도 하향경사로는 무릎에 부담이 아닐 수 없다. 2시 30분 잎이 아직 덜 돋아났지만 갈참나무 그늘을 만나 잠간 휴식을 할 수 있었다. 휴식이 끝났음을 알리는 리딩대장의 말에 "어휴 더 쉬지!" 하는 아쉬움이 남았지만, 배낭을 짊어지고 대장을 따를 수밖에 없었다.

바로 터덕터덕 15분 정도 내려오다 소나무 그늘을 만나 잠간 쉬고 있는 사이 선두는 이미 저 아래 잣나무 숲 옆에서 웅성거리는 것 같았다. 우리도 새싹길이 끝나는 지점의 주변이 잣나무 숲인 도성고개에 이르니 3시 9분이었고 지나온 민둥산 2.6km라는 안내표지가 나오며 잣나무 숲길에서 오른쪽으로 방향을 돌렸다.

한 사람이 바듯 다닐 수 있는 샛길은 이제 제법 우거져 숲길이 되었고 잠간 가랑잎이 깔렸으나 마사톳길이 나타난다. 구담사 2.2km라는 표지목이 있는 곳에서 구담사 방향으로 가지 않고 오른쪽으로 돌려 거친 내리막길로 접어든다. 흙과 자갈 그리고 마사가 뒤섞인 데다 내리막 골이어서 미끄러지지 않으려 버둥거리며 내려와야 했다. 그래도 베이지색에서 노랗게 변해가는 듯한 벙나무꽃 무리가 시름을 덜어줬다.

3시 20분경 골에서 벗어나니 조금은 편해졌다. 그 길을 따라 물이 없는 돌로 이루어진 계곡을 건너 약간의 내리막길을 편안하게 지나니 솔잎 깔린 길이 나오며 솔향이 그윽하게 뇌를 자극했다. 무질서하게 멋대로 자란 소나무들을 가지치기라든가 간벌이라도 해줬으면 좋겠다는 생각도 하며 편안한 길을 따랐다.

잠간 잣나무 숲을 지나며 3시 38분 도성고개 1.9km, 구담사 700m라는 안내표지목을 지나면서 계곡에 물이 조금씩 비치기 시작했다. 이 때 계곡을 따라 올라오는 선선한 바람은 고단함을 덜어주기에 충분했다.

3시 45분경에 시멘트포장길이 나오며 다리 아래 제법 많은 계곡물에서 발을 담그고 여유를 부리는 선두를 따라잡았다. 우리도 7~8분 정도 시원한 물에 발을 담그니 그 시원함에 묵지

근한 다리는 날아갈 것 같은 기분으로 바뀌었다. 리딩대장은 담궜던 발의 물기를 닦아내고 매몰차게 배낭을 둘러메었다. 4시경 구담사에 도착하니 여행객을 위해 마련한 시원한 한 모금의 물이 오늘의 피로를 다 날려버린 것 같았다.

친절하게도 우리를 태울 버스가 구담사까지 올라와 시가지까지 가야 하는 부담을 덜어줬고 산행거리를 줄여 일찍 뒤풀이 장소로 이동할 수 있었다.

얼마 전에 겪은 또 지금도 진행중인 참사가 뒤풀이를 숙연한 상태로 시작하게 했다. 그러나 산행의 고단함은 어느새 소주 한 잔에 녹아내렸고, 뒤풀이가 끝날 즈음에도 주당들은 서로의 관계가 더 이어지기를 바라느라 조금만 더하자고 보채어 20분 정도는 알코올에 빠질 수 있었다.

1구간은 겁을 주는 공지에 부담을 가졌었으나 비교적 견딜만 했었고, 1구간이 눈길이면서도 편안한 길이었다면 2구간은 아름다운 풍광을 느끼면서 힘든 길이었던 것 같았다. 물론 2구간도 일부 눈길과 안개는 있었지만 중간 중간 햇볕으로 좋은 경치를 볼 수 있었다. 3구간은 힘든 것은 덜했지만 안개 때문에 시정이 안 좋았다. 다만 3구간은 봄임을 확인시키는 데는 충분했고, 대체로 견딜 만한 산행이었던 것 같았다.

명성산과 산정호수

포천시 운천리를 지나 강원도 철원군 갈말읍 신철원리에서 용화천길을 따라 2km 정도 지나면 짧은 터널이 나오며 터널끝 부분에서 순간적으로 "괜찮은데" 라는 생각만 하며 삼부연폭포를 지났다. 또 2km 정도 지나 조그만 산골마을을 통해 용화저수지를 지났다.

짙은 안개로 썩 상쾌하지 않은 날씨가 서울을 출발하기 전부터 머릿속을 맴돌고 있던 데다 이미지가 깔끔하게 정비되지 않은 시골마을의 모습이 겹치게 되자 아쉬움을 기억한 채 용화지를 지나 산행들머리에 도착했다.

그러나 산행은 항상 부푼 마음을 갖게 한다. 부푼 상태에서 9시 50분경 짧지만 방부목계단의 급경사로 산행이 시작된다.

서울과는 위도상 많은 차이는 아니지만 철원지역의 날씨는 역시 하루 일교차도 크고 기온도 3~4도 쯤의 차이는 있다는 것이 꽃의 개화시기가 다른 것으로도 충분히 이해할 수 있을 것 같았다. 여기서는 이제 진달래가 만개한 것이다.

정상 부분에서는 진달래가 꽃 봉우리 상태도 있었다. 다만 진달래가 폈을 무렵 북한산에는 갈참나무가 겉으로 볼 때 아직 동면상태였는데 여기서는 연둣빛 싹이 돋아나고 있는 것이 차이였다. 즉 갈참나무는 북한산과 비슷한 시기에 잎이 돋는데, 진달래는 2주 이상 차이가 나는 것이다.

잠간 누그러진 경사로를 지나며 능선 왼쪽으로 잣나무숲이 넓게는 아니지만 무리지어 자라고 있었다. 그러나 능선 오른쪽으로는 갈참나무 등 활엽수가 주류를 이루고 있었고 진달래는 산행 시작하면서부터 온 산을 수놓고 있었다.

10시 20분경 들머리에서 0.8km 지점의 느치고개에 이르니 갈림길이 나왔다. 5~6분 오르는 동안 그윽한 솔향이 살짝 불어오는 서풍과 함께 상쾌하게 뇌를 자극했다.

5분정도 돌길로 된 오르막경사로를 따르다 가랑잎이 깔린 평평한 흙길이 이어지는 동안 안내 표지목이 있는데 칠도 벗겨지고 팻말 나무의 빛이 바래 잘 보이지 않는 것은 아쉬웠다.

10시 50분경 오르막 돌계단이 잠간 나타나고 바윗길을 지나 주변에 피어있는 진달래로 눈요기하며 오르다 보니 11시 5분경 평평한 길이 나타났다.

11시 15분경 4~50도 급경사가 나타나고 잠간 완만한 흙길을 지나 경사로는 계속 이어졌다. 이때 오늘의 제일 심한 경사로를 100여m 지나 거친 숨을 몰아쉬며 봉우리에 오르니. 평평하고 사방이 트여 시원함을 안겨줬다. 다만 아침부터 대지를 덮고 있던 안개가 시정을 흐려 아쉬웠다.

왼쪽으로는 약사령이고 오른쪽으로 명성산 방향이다. 사실 이때부터 겉으로 보이는 주변의 모습은 황량함을 전해주기에 충분했다. 온통 메마른 대지위에 시들어 말라있는 풀잎들, 지난 가을 다 떨구지 못한 가랑잎을 매달고 있거나 생기라고는 전혀 없는 갈참나무들, 풀풀 날리는 흙먼지, 마른 억새들이 "아직 봄은 오지 않았다오"라고 속삭이는 것만 같았다. 그러나 기온은 셔츠 하나만으로도 충분히 견딜 수 있는 따듯한 봄날씨였다.

10분 정도 쉬다 방부목계단과 평지를 교차하는 약사령능선을 따라 11시 50분경 급경사로 윗부분에 뾰족하게 드러낸 삼각모양의 바위 앞에서 간단한 김밥으로 점심을 해결했다.

20분 정도 소요하고 삼각 바위를 지나는데 바위에 누군가 자기의 존재를 나타내려 이름을 새겨 넣은 모양새가 썩 좋아 보이지는 않았다. 12시 15분에 헬기장이 나오고 오른쪽의 명성산봉우리로 많은 사람이 오르고 있었다.

우리는 지난번 다녀왔던 터라 바로 팔각정방향으로 돌렸다. 12시 25분 경 짧지만 급경사의 삼각봉에 올랐다.(삼각봉의 위치표시가 잘못되지 않았나 하는 느낌이 든다. 아니면 내가 정확한 위치를 모르고 있다던가.) 삼각봉에서 촬영도 하며 10여분 정도 쉬다 내리막길을 따랐다.

돌과 흙길이 적당히 어우러진 길옆으로 억새들이 말라버려 주욱 누워 있는 모습이 상상력의 부재일까? 아름다움을 유지하진 못했다. 만약 주변 길옆에 진록의 활엽수림과 억새풀이 산들바람에 흔들리는 모습을 상상하며 산행에 임했더라면 즐겁고 흘가분하지 않았을까 하는 아쉬움을 느끼게 된다.

약간 오르막길을 따라 봉우리를 우회하여 지나는 동안 로프가 보호역할을 해주었다. 약간 내리막을 하다 바위로 된 오르막길을 따라 봉우리를 우회하여 편안한 내리막길을 지나 조그만 봉을 오르니 누군가 쌓아놓은 돌무더기가 있었다.

능선을 따라 편안한 길이 유지되며 조그만 봉에 이른 것이 1시 10분이다. 여기서 바라본 명성산 옆의 궁예봉과 그 옆 다른 암봉이 색다른 아름다움을 제공해 줬다.

조금 지나니 산등성이 왼쪽에 조그만 산수유나무 한 그루가 노란 꽃을 피우고 나무뿌리와 돌틈 사이에 노란 양지꽃이 예쁘게 눈에 들어왔다. 여지껏 황량하던 주변에 모처럼 봄을 실감케 하는 모습이 보이는 것이다. 산정호수의 모습도 발밑에 들어왔으나 짙은 안개로 선명하게 들어오진 않았다.

얼마 후 지나온 삼각봉 1.4km, 팔각정이 0.5km 남았다는 안내 표지목이 나오고 적당히 진행하는 중 산 쑥들도 빼꼼히 싹을 돋아내고 있었다.

또 하나의 돌무더기를 지나 내리막길을 계속 유지하면서 바윗길을 약간 오르니 조그만 암봉 꼭대기에 소나무 한 그루가 바위에 걸터앉은 듯이 자태를 자랑하고 있었다. 척박한 땅에서 바둥거리며 생명을 유지하는 소나무는 가지가 옆으로 퍼져 사람들의 눈에는 아름다운 모습으로 비쳐진다.

1시 35분 오른쪽으로는 바위는 아니지만 절벽이 능선을 따라 능선 옆으로 잠간 유지되고 있었다. 팔각정을 눈앞에 둔 억새풀 군락지는 산불인지 모르지만 모두 태워 검은 색의 대지로 변해 있었다.

1시 50분에 팔각정에 이르니 명성산이라는 표지석이 서 있었다. 이번 산행을 하면서 안내 지점의 표시 같은 것이 아쉬웠다. 결국 명성산은 12시 15분경 오르며 우측에 있던 봉우리는 명성산의 최고봉이고 팔각정 옆에 표지석을 세운 것이다. 그렇다면 명성산은 우리가 산행한 일대를 아우른다는 의미일 것이다. 삼각봉의 표시도 명확한 한 지점인지 아니면 봉우리 3개를 아우른 것인지 모호한 표현 같았다.

산행하면서 아쉬웠던 부분들이 산행하면서 이해는 하겠지만 위치의 표시를 부연 설명하는 안내문이 있으면 좋을 것 같다는 생각을 하게 해주는 대목이다.

잠깐 쉰 다음 2시가 되기 전에 억새풀밭을 따라 내려오며 천년수千年水(궁예약수)라는 음용불가의 폐쇄된 약수터(한잔 마시려 하다 포기)를 지나 내려오며 억새를 의도적으로 태웠다는 것을 느낄 수 있었다.

궁예봉이나 궁예약수터를 거치면서 고구려의 뒤를 잇겠다는 천년왕국을 설계하다 헛된 욕심으로 고려건국을 왕건에게 넘긴 그 분은 여기에 혼을 묻고 있을까? 어쩌면 왕건에게 박수를 보낼지도 모르겠다. 역사를 돌이켜 생각하며 누구나 어떤 상황에서 최선의 판단을 해야 함을 느낀다. 또바른 마음으로 정도를 걸어야 한다는 것도.....

내리막길은 완만한 경사의 넓은 길이었으나 돌이 많이 튀어나와 있어 무릎에 부담을 주었다. 15분쯤 내려오는 동안 왼쪽 계곡에서 졸졸 흐르는 물소리가 시원함을 안겨줬다. 우리가 산행중에 포함했던 여우잿길은 출입불가지역이어서 부득이 바로 내려올 수밖에 없었다. 산행지도에서 1km정도는 줄어 30은 산행시간이 줄어들지 않았을까?

내려오는 길은 흙길과 돌길이 어우러져 있었고, 계곡이지만 왠지 물이 깨끗하다는 느낌이 안 들었다. 간간이 계곡의 바위를 타고 흐르며 웅덩이가 만들어진 곳들도 있었는데 바위 색깔 때문인지 부옇게 보였다.

10여분 정도 내려오니 철 계단이 몇 군데 놓여 있었고 철(계단과 다리가 이어짐) 구조물을 따라 가늘지만 시원한 느낌을 주는 등룡폭포가 우리를 맞았다. 그러나 그 옆에 쓰레기더미가 기분을 잡쳐 놓았다. 용화촌에서의 마을 정비도 그렇지만 나가 아닌 우리가 절실한 대목이다.

포천시, 철원군, 산행하는 사람들? 모두의 책임일 것이다. 지역민들도 결국 외지에서 관광객들이 찾아와야 지역경제도 살아난다는 걸 알고 있을 텐데. 나 혹은 우리가 조금만 더 기울이면 좋았을 것을....

폭포에서 씁쓸한 기분으로 20여분 정도 내려와 3시경 산정호수 상가에 이르렀다. 산정호수입구에는 역시 많은 인파가 북적였고 주변의 가게에서는 우리를 호객의 대상으로 하고 있었다.

대체로 편안한 산행이었으나 팔각정에서부터 내려온 1시간 정도의 내리막길 산행에서 속도를 내는 바람에 두 다리며 무릎이 뻐근해 왔다.

산행을 마친 후에는 몸은 고달프지만 뿌듯함이 항상 같이 한다. 그 뿌듯한 감정을 연장하기 위해 또 하나 찾는 곳이 있다. 산정호수 옆에서 도토리묵에 막걸리 한 잔 곁들여 목마름을 누르며 하향곡선을 긋던 기분을 위로 끌어올릴 수 있었다.(2014. 4. 15?주변의 토요일)

동창들과의 소요산

이십여 년 전에 산행했던 소요산을 생각하며 동창들과 약속한 장소인 식당에 도착했나. 2달 만에 만닌 친구들, 케나다에 거주하다 몇 년 만에 휴가 나온 연선이, 대전서 생활하며 1년 만에 올라온 재희 모두 반가운 얼굴들이다. 동창회 정기모임으로 12시 15분 식당을 출발하여 산행이 시작되었다.

사회가 원만하게 돌아가려면 어떤 자리에 있어야 할 사람이 그 위치에서 역할을 제대로 해야 한다. 우리가 며칠 전에 겪은 국가적인 큰 참사가 있었는데 현장을 제대로 파악하지 못하는 사람이 말할 계재는 아니지만 아쉬운 점이 많이 나타난 사건이다. 그러나 객관적으로 볼 때 초동대응만 제대로 했더라면 그런 비극적인 참사로 이어지지는 않았을 것으로 생각되어지는 부분이다.

언제 어디서든 리더는 상황판단을 빠르고 정확하게 하여 어떤 상황에서도 민첩하게 대처할 능력이 있어야 한다. 전쟁터에서는 지휘관이 자기 목숨을 담보로 부대원을 지켜야 한다. 그러나 며칠 전 수백 명을 태운 배가 좌초되는 일이 있었다. 진두지휘해야 할 선장은 자기목숨부터 부지하느라 많은 인명을 배와 함께 빠뜨리고 만 것이다.

산행을 하는 데도 마찬가지다. 리더는 앞에 나가며 불편한 것이 있으면 치우고 위험상황은 비껴가도록 유도해야 한다. 우리 산행팀은 산행에 경험이 있는 재문이 리딩하기로 하여 편안한 마음으로 산행에 임할 수 있었다. 믿을만한 리더가 있고 오랜만에 찾은 산이라서 제대로 감상하고 싶은 욕심이 생겼고 미안한 생각이 들었지만 돈희와 함께 일행을 앞질러 나갔다.

12시 20분에 시작하여 잰 걸음으로 아스팔트길을 따라 12시 40분경 매표소를 지나 일주문에 도착한 것이 12시 53분이다. 아스팔트길을 오래 걷는 것은 굉장한 고역이다. 여기서 산행을 하는데 시간이나 거리상으로는 10분의 1에 불과하겠지만 에너지의 상당한 분량을 소모한 느낌이 든다.

국립공원에는 입장료가 따로 없는데 사찰이 있는 산에는 입장료가 있는 것도 불만이다.(절이 싫으면 중이 떠나라? 입장료 내기 싫으면 산에 가지 마라. ㅎㅎ)

입구의 원효대사가 수행했다는 원효굴을 지나 갈림길에서 백운대방향으로 나무구조물에 폐타이어를 덧대 만든 계단을 오르기 시작했다. 20년 전에 산행하던 때와는 전혀 다른 양태의 시작이다.

4~50도의 가파른 계단은 아마 100계단도 넘었을 것이다. 바로 연결되는 돌계단이나, 심목으로 흙을 받쳐줌으로써 만들어진 계단들과 바윗길을 따라 35분 정도는 거칠게 호흡했을 것이다.(자재암을 지나는 부분만 완만한 길)

백운대 쪽에서 의상대쪽으로 능선을 따라 이어지는 곡선미와 산 중턱에 간간히 남아 수를 놓고 있는 하얀 벚꽃들과의 어우러짐 그리고 뒤에서 등을 밀어주는 시원한 바람이 산행의 힘듦을 마취시키는 걸까? 바로 이런 것이 산행의 맛(꿩 먹고 알 먹고, 도랑치구 가재잡구)이 아닐런지?

나무계단이 끝나며 흙 부분은 소나무가 뿌리를 드러내고 그

위로 바윗길이 잠깐 이어진다. 여기서 바위로 이루어진 5~6도 경사의 노송 몇 그루가 그늘을 만들어주는 자리가 나타나 한숨 돌릴 수 있었다.

골 건너편으로는 백운대, 칼바위능선, 나한대, 의상대, 공주봉의 전경과 능선 아래 연둣빛 활엽수들 사이에 어우러진 분홍색 진달래와 벚꽃이 아름답게 들어왔고, 계곡쪽으로는 아찔한 절벽이 더 가까이 오면 혼내주겠다는 듯 엄포를 주고 있었다.

잠간을 쉬고 다시 3~40도의 거의 바위, 심목으로 받쳐주는 계단의 경사로를 따라 3~4분 지나자 큰 바위가 나타나며 바위 아래 노송들이 여기도 한반도에 속해 있다는 듯이 아름다움을 뽐내고 있었다.

바위에 이어진 능선을 오른쪽으로 우회하는(능선쪽을 올려보면 절벽) 완만한 흙길을 잠시 지나는데 왼쪽으로 진달래 몇 그루가 봄을 떠나보내는 게 아쉬웠던지 분홍색을 최대한 내보이고 있었다. 우회길을 지나며 오르막길을 따라 하백운대에 도착하니 1시 43분이었다.

하백운대 평평한 자리를 불법 점거한 장사꾼이 등산객을 유혹하고 있었다. 아이스케끼, 시원한 막걸리 있습니다. 그러나 장사꾼은 지고 올라온 노력만큼 폭리를 취하고 있었다. 진달래 등 주변 경치를 감상하며 아이스케끼로 8분을 빼앗기고 산행은 진행되었다.

내리막길을 잠간 하고 잠시 평평했으나 바로 30도 정도의 오르막흙길과 계단을 10분 정도 올라 중백운대에 도착한 것이 2시 4분이다. 바위돌들 위에 펼쳐진 주변의 분홍색 진달래, 멋

있게 자란 노송들, 오른쪽으로 바라보이는 의상대와 나한대 그리고 공주봉 등의 아름다운 전경이 한 눈에 들어왔다.

소요산에 대한 특징은 높지 않으면서도 지세가 좀 험하고 모난 바위가 많다는 것과 바위와 어우러진 노송들이 적당히 산을 장식하는 것이다.

중백운대에서는 바윗길과 흙길이 적당히 어울어져 갈림길(중백운대에서 오르며 덕일봉 방향과 상백운대 방향의 삼거리)까지 비교적 편안한 길이었다. 선녀탕 방향 삼거리 갈림길을 지나 오르막길을 따라 상백운대까지 15분정도 소요한 것 같다.

3주 전에 북한산에서 만개한 진달래에 취했다면 여기서는 이제야 활짝 핀 분홍색에 빠질 수 있을 것이다. 이 아름다운 풍광에 몰상식한 누군가가 패인 나무옹이에 담배꽁초를 새알처럼 예쁘게 보관한 것 하구 빈 막걸리통하며 쓰레기들을 여기저기 버린 것은 아쉬운 대목이다.

이제는 거의 거치른 바윗길이 우리를 힘들게 했다. 2시 25분경 칼바위능선에 접어든 것이다. 아기자기하게 잘 짜놓은 바위들과 적당히 어우러진 노송들, 분홍색 진달래 그리고 아직도 떨어지기가 아쉬워 매달려 있는 하얀 벗꽃들이 산행인들의 피곤한 근육을 달래주는 듯 했다.

과장된 표현을 하자면 십몇 년 전에 찾았던 금강산이나 몇 년 전의 설악산(기억들이 선명치 않으니 지금의 모습이 최상으로 느껴짐) 만큼의 아름다운 경치에 힘든 것이 녹아내렸다고나 할까?

경우에 따라서는 능선을, 혹은 우회길을 통하여 칼바위능선의 아름다운 경치에 15~6분을 빼앗겼던 것 같다. 거리가 길어서가 아니라 기암이라던가 주변에 펼쳐진 숲의 조화로움에 아 소요산도 이런 멋이 있었던가! 새삼 느끼게 되었다.

2시 42분 칼바위능선이 끝나며 왼쪽으로 진록의 깊은 계곡과 뛰엄뛰엄 지어진 농가들이 평화롭게 들어왔고 삼거리에 오른쪽으로는 선녀탕 방향, 바로 가면 나한대(300m)라는 안내목이 친절하게 맞아줬다.

오늘 산행중 300m정도의 거리인 나한대 코스가 가장 힘들었다는 생각이 든다. 물론 일주문에서 시작하여 하백운대까지가 가장 힘든 코스일 것이다. 이미 2시간이나 산을 오르며 에너지를 많이 소모하였으므로 힘들 수밖에 없는 상황이다. 거의 나한대를 오르는 동안 물론 허릿길을 통하는 평평한 부분도 잠간씩 있긴 하였으나 5~60도의 경사가 거의 유지되었다.

나한대를 향해 경사를 비끼기 위해 좌측으로 우회하는 길을 따라 바위며 나무로지지한 계단을 통하여 오르는데 허벅지가 뻐근해왔다. 산 중턱쯤 바위를 등지고 앞에는 적당한 노송 한 그루가 그늘을 만들어주는 조그만 터 앞에 신선이 바둑을 두며 경치를 감상하였을 법한 자리가 있었다. 우리는 어거지시를 한 수 읊으며 소나무 사이로 들어오는 건너편 농가들의 평온함에 잠간 빠졌다.

바위봉인 나한대에 오른 시간이 3시 10분이다. 날이 흐린데다 연무가 낀 상태에서 바라본 소요동 쪽은 선명하게 들어오진 않았다.

그러나 나한대를 내려오며 이어지는 바위들(기암괴석奇巖怪石

이라는 말 대신 미암조석美巖造石으로 표현하고 싶다.)의 교묘한 아름다움과 기암절벽奇巖絶壁에 살랑살랑 피어있는 진달래의 어울린 모습에 도취되어 많은 시간을 할애하였다. 지나쳐 비껴가는 다른 산행인들에게 미안할 만큼 촬영에 몰두한 것이다.

어쩌면 나한대에서 의상대에 이르는 구간이 가장 아름다운 전경이라 할까?

30분 이상을 바위와 돌과 꽃에 매료되어 의상대에 오른 것이 3시 45분이다. 의상대의 봉우리도 역시 조각품처럼 절묘하게 이루어져 있었다. 날씨가 좋았더라면 의상대에서 남쪽으로 도봉산의 아름다운 모습까지도 우리 눈에 들어왔을 텐데 연무가 방해하였다. 아쉽게도 회색빛도시 동두천이며 양주시 정도를 느낄 수 있었다.

의상에서 백 계단이 넘을 법한 가파른 나무계단을 따라 내려오니 흙길이 잠간 이어지다 바위능선을 지났다. 이제 능선을 우회하니 푸석푸석 날리는 흙먼지길이 이어졌다. 우회길에서 남쪽으로 바라본 농촌마을, 동두천시, 양주시 등이 만약 선명하게 들어왔더라면 이곳 또한 바둑판이라도 지고 올라가 신선주를 마시며 절경에 취했으면 한 곳이다. 그러나 시간은 이미 4시를 알리고 있었다.

공주봉을 450m 앞둔 삼거리에서 시간이 끌어내리는 데는 어쩔 수가 없었다. 하산완료시간이 4시 30분인데 일주문까지 1.4km 남았으니 서둘러 내려올 수밖에 없었다.

사실 거치른 경사로를 따라 거의 4시간 가까이(나한대와 의상대 사이를 제외하고는 잰 걸음) 산행을 하였으니 무릎이며 허벅지근육, 종아리에 부담이 갈 수밖에 없었다. 그런데 4~50도 정도의 돌이 뒤섞인 내리막경사로는 여간 부담이 아니다. 그래도 달려야지? 아침에도 시간을 못 지켰는데.

이세 졸졸 산골물도 흐르고 있었다. 누구에겐가 정성을 비는 사람은 어디에도 있는 모양이다. 여기에도 3m 정도의 돌탑을 몇 개 쌓아 놓은 정성이 보였다. 중턱쯤에는 꽤 넓은 평평한 곳에 벤치도 몇 개 놓인 휴식처도 있었다. 그러나 그에 연연할 수는 없었다. 서둘러 일주문에 도착하니 4시 30분은 조금 덜 되었다.

다시 아스팔트길을 따라 소요산역 근처에 다다르니 몇몇 개념 없는 사람들이 음악에 맞추어 쌍쌍 춤을 추는 모습이 거슬리게 들어왔다. 장사꾼도 문제지만 그걸 요구한 사람들도 있기 때문일 것이다. 나라가 아까운 청춘들을 잃고 온통 슬픔에 잠겼는데 저런 모양새라니. 사실 오늘 산행을 못한 한 친구가 오늘 모임은 조용히 하는 게 어떠냐는 말을 흘렸었다.

만약 어린 학생들이 그 모습들을 보았으면 어떻게 생각할까?

학생시절에 한 선생님이 예를 들어준 혀가 짧은 서당선생님(훈장)의 교육방법을 비유한 말이 생각난다. "나는 바담풍이라 해도 너희들은 바담풍이라 하지 말아라." 훈장은 바람풍이라 했을 것이고 학동들의 귀에는 바담풍으로 들렸을 것이다. 이 말은 어른의 흉내를 바로 따라한다는 의미이다.

누구나 본분을 잘 지켜야 한다. 어떤 사람은 요새 젊은이들의 행태에 대해 혀를 치는 사람이 있다. 그러나 젊은이들은 결국 어른들을 따라 배운다. 윗물이 맑아야 아랫물이 맑다 했다.

어떤 문제되는 일이 있을 때 젊은이를 탓하기 이전에 내가 잘 해야 되지 않을까? 4살 난 손주 녀석이 있는데 아이는 이모가 하는 말을 곧 따라하는 것을 가끔 목도한다. 그렇다 분명 아이들은 어른들의 행동을 보고 배운다.

동창 여러분과 산행을 같이 못한 부분에 대해서는 미안하게 생각합니다. 즐거운 산행이었습니다.

소요산의 갈바위와 의상대의 기암

5월의 점봉산

다음 주 옆 등선대에 올랐을 때는 완연한 봄날씨였는데 5월 초의 점봉산엔 진달래꽃 위에 눈이 내렸다.

점봉산 진달래꽃 위를 덮은 흰 눈꽃

최근 서울 하늘은 맑은 날씨여도 연무와 안개, 미세먼지 등으로 희뿌옇게 보이는 날이 더 많다. 그러나 백운대에서 만장봉까지 이어지는 능선이 도심의 아파트들을 뚫고 한눈에 들어올 정도로 새벽 서울 하늘이 맑았다.

뭉게구름이 조금 흐르고 있었지만, 올 봄 들어서 오랜만에 보이는 깨끗한 날씨이다. 오늘 산행을 예고라도 하듯이 5시 50분에 우리를 태운 차도 의정부 IC에서 설악산을 향해 경춘고속도로를 부드럽고 경쾌하게 달리기 시작했다.

고속도로를 달리면서 몇몇 사람들이 산허리를 깎아 지은 흉물스러운 주택들이 거슬리게 들어왔으나 설악산에 가까이 갈수록 주변 경관에 묻혀버렸다. 미시령방향의 46번국도와의 갈림길에서 고불고불 한계령길을 따라 왼쪽으로 들어오는 서북능선쪽의 암봉들과 오른쪽으로 들어오는 오묘하게 깎아놓은 암봉들(만물상)에 감탄사가 흘러나왔다.

한계령을 넘어 오색에 있는 식당가에 도착하니 8시였다. 여기서 출출한 속도 채우고 8시 반에 점봉산을 향해 한 발자국 내디뎠다.

여지껏 산을 오르며 나의 산에 대한 짧았던 경험을 오늘 다 드러낸 날인 것 같다. 겨우 설악산에 서너 번 다녀오고 "전에 설악 몇 번 등반했는데" 라고 생각하며 설악산을 잘 아는 것처럼 착각한 내 자신을 발견한 계기일 것이다. 그만큼 설악을 자주 오지 못했다는 얘기다.

입구에서 4~50도의 경사로를 따라 오르기 시작했으나 잠시 후 10시 방향으로 비껴 오르니 편안하게 시작한 셈이다. 그렇게 10여분 진행하니 임도가 나오고 임도를 가로질러 5분 정도 지나니 계곡의 물소리가 들리며 산새 한두 마리가 지저귀며 반겨줬다. 산행하기 좋은 날씨에 청량감을 더해주고 있었다.

계곡에서 멀어지며 약간의 경사는 있었으나 비교적 평평한 길을 7~8분 마주하고 오르막길을 우회하여 능선 가까이 가니 세찬 바람소리가 겁을 주기 시작했다. 갈참나무와 소나무가 혼재한 길을 따라 9시 3분경 능선을 오르니 북풍이 살 속을 파고들었다. 산행대장의 방한용 겉옷을 준비하라한 것이 이해되는 5월 초에 겨울날씨를 경험한 것이다.

능선부터 비교적 완만한 길을 따라 5~6분 지나니 갈참나무들이 주를 이루며 오르막경사로 이어지고 나무뿌리가 흙을 지탱하며 계단길을 만들고 있었다. 9시 20분 쯤 소나무 무리 속에 간간이 철쭉이 주변을 부드럽게 해 주는 것 같았다. 공기를 더 맑게 해주는 것 같은 소나무 숲에서 5분 정도 쉬며 닥쳐올 추위에 대비하느라 겉옷을 하나씩 걸치고 평평한 길을 오르기 시작했다.

철쭉이 주변을 맴돌고 있었고, 능선을 좌우로 비껴 있거나 능선과 평행하게 이어져 있다. 능선 오른쪽으로 강한 북풍과 함께 5월 남설악의 추위를 맛 볼 수 있었다. 돌길과 마사톳길도 거치며 9시 55분경 능선을 내려가 산대나무(대장님의 말씀 조릿대라고 했다. 제법 많이 산재해 있었다.) 숲에서 막걸리 한 잔으로 갈증을 해소하고 추위를 견딜 여유를 만들었다.

갈참나무 사이로 들어오는 햇살이 따듯하게 몸을 녹여주는 길을 사부작거리며 오르기 시작했다. 5~6도 경사의 자갈길에는 얼레지꽃과 파릇이 돋아난 이름 모를 아기 풀들 그리고 아직 널 피어난 나뭇잎을 다독이는 고산지대의 활엽수들이 계절을 헷갈리게 했다. 그 아래 홀로 외로이 피어 있는 청에 가까운 예쁜 보라색 마타아리꽃도 반갑게 우리를 맞아줬다.

파란 하늘엔 하얀 뭉게구름이 유유히 흐르고 바람도 약간은 강했지만 시원하게 우리의 등을 밀어주고 있었다. 길은 비교적 편안했고 자갈길에는 양지꽃무리가 노란 청춘을 자랑하고 있다. 철이 지났지만 꽃잎에의 미련을 아직 버리지 못한 진달래와 산벚꽃이 각각 한 그루씩 눈에 들어왔다. 뱃가죽이 벗겨져 내장까지 말라버린 것 같은 늙은 이름 모를 나무 한 그루가 간신히 삶을 연명하고 있는 모습도 보였다.

돌길이 거칠고 경사가 심해지지며 키가 낮은 나무들이 이제 높이 올라와 있음을 암시라도 하듯 아직 잎을 피우지 못하고 있었다. 그저 발바닥 주변만 봄일 뿐이다. 길이 가파르게 오르막 경사로에 접어들며 우뚝 솟아있는 주목 한 그루가 위용을 자랑하고 있었다. 이때가 10시 58분이었다. 대장님의 얘기로는 수령이 천년은 됐을 것이라 했다.

수령 천년의 주목 옆에서 다시 막걸리 한 잔에 목을 축이고 천년수의 기를 받은 우리는 힘차게 오르막길을 향했다. 종다리가 지저귀는 것으로 봄임을 확인할 수 있었고 자잘한 주목 몇 그루만이 진록을 유지하고 있었다. 머리 위를 맴도는 까마귀 한 마리를 뒤로 한 채 경사로를 차고 올라가니 저만치에 높은 봉우리가 다가왔다.

평평한 흙길을 따라 꽃으로 눈요기도 하며 정상을 향했다. 11시 25분경 정상을 눈 위에 두고 목을 축인 뒤 점봉산 정상에 오른 게 11시 40분 쯤이다. 그런데 봉의 턱 밑 양지에서 우리 보다 먼저 자리 잡은 사람들이 점심을 맛나게 먹고 있었다. 여기가 백두대간길이라고 대장님이 얘기해 줬다.

"상고대다!"

먼저 발견한 누군가의 외침과 동시에 모두 진달래에 피어 있는 상고대(사실은 눈이 살짝 내려 얼어붙은 것임)에 모두 넋을 잃고 감탄하기 여념이 없었다. 같은 진달래나무에 반은 진분홍 꽃, 반은 서리가 내렸으니 신기할 수밖에. 바위로 된 1,424m의 점봉산 정상 서북쪽으로 하얀 눈꽃이 펼쳐져 또다시 겨울로 되돌아 갈 수 있었다.

이때 대청봉 정상도 하얗다는 부찬님의 감탄사가 다시 흘러나왔다. 대청봉은 하얀 부분이 넓게 펼쳐져있는 모습을 점봉산에서도 볼 수 있었다. 우리는 천상의 아름다움에 빠져 30분정도를 잃어버렸다.

百聞이 不如一見이라 했던가? 직접 느끼지 않고 그 기꺼움을 어떻게 표현하랴! 백두대간을 따라 돌길을 걸어 내려오는 발걸음은 무겁지는 않았다. 그 높은 곳에도 뱀딸기꽃 한 무더기가 피어 있었다. 10분 정도 바위로 된 망대암봉(해발 1,231m)에 도착했다.

망대암봉을 내려오면서 4~50여분 동안은 어떻게 내려왔는지 주변 경관에 빠져 까먹을 정도다. 리딩대장이 알려주는 곰취를 찾느라 자갈 섞인 산에서 쌍라이트들을 켜고 간신히 하나 찾으면 그냥 어린아이마냥 좋아 어쩔 줄 몰라 하는 모습들. 아마 점봉산 정상에서부터 하산할 때까지 하나같이 동심의 늪에 빠져 있었을 것이다.

진달래인지 철쭉인지, 아직 꽃이 피지 않은 몽우리 상태인 것 같은 동면의 나무들이 시간의 흐름을 잡아놓고 있었다. 잠깐 동안 화려한 피나물 꽃의 자태에 빠지기도 하고 강풍과 부딪치기도 하며 1시12분 백두대간 길에서 오른쪽 12담 계곡으로 방향을 틀었다. 어휴 배고파. 몇몇은 리딩대장의 독선에 불만이다.

내리막길은 4~50도 정도의 급한 내리막이었다. 경사가 20도 정도로 조금 약해지며 앵초며 질서정연한 금낭화도 아름다운 자태를 과시했다. 또 이렇게 높은 산에서의 차분한 안개꽃은 처음이다. 1시 30분 쯤 되니 계곡에 물이 조금 비치기 시작했다. 우리보다 앞서 내려간 리딩대장의 독선이 이제야 풀려 자리를 잡고 기다리고 있었다.

1시 35분에 우리도 자리를 잡으니 리딩대장이 급조한 아궁이에 불씨를 이미 살려놓고 석판을 가열하고 있었다. 5~6cm 정도 두께인 석판 위에서는 삼겹살이 쉽게 익을 기미가 보이지 않았다. 기다림도 미덕인가?

두 번째 백문이 불여일견이다. 맛을 보지 않고 어찌 그 환경을 상상할 수 있으랴! 석판위에 남은 밥을 볶아 깨끗이 비우는 데까지 1시간 반은 걸리지 않았을까? 사실 재미에 취한 우리는 시간 개념을 잃어버렸다.

다시 골을 따라 내려오는 길은 편안했지만 힘든 코스라기보다는 거칠다는 표현이 맞을 것이다. 가끔은 계곡을 따르기도 하고 계곡을 비끼던가 물도 건너기도 하며 물길이 합쳐져 넓어지는 물길을 따라 내려왔다. 주변에 펼쳐지는 기암들에 넋을 빼앗기기도 하고 봉우리며 계곡에 물의 흐름으로 잘 다듬어진 바위들의 아름다움에 취해야 했다. 지금부터가 세 번째 보지 않고는 말할 수가 없는 경치다.

바위봉들이 어머니의 젖이라 생각하고 계곡을 통해 흘러내리는 물들은 어머니의 양분으로 가득 찬 생명수라 느끼고 싶었다. 젖무덤에 자라는 나무들은 어머니의 젖으로 자라는 갓난아이고 그 아래로 흘려보낸 생명수는 온 자식들인 만물의 영양공급원이다. 산은 어머니의 품과 같다. 말없이 받아주고 보듬어준다. 우리는 오늘도 내일도 산을 찾을 것이다. 어머니의 품이 편하다고 응석만 해서는 안 될 것이다. 공경하고 가꾸고 두려워해야 한다.

5시가 조금 넘어 오색석사라는 조그만 암자에 도착하여 마신 잡냄새가 전혀 없는 물 한 모금이 그렇게 시원할 수가 없었다. 5시 20분경 우리를 기다리는 식당에 안착할 수 있었다.

오늘 산행도 대장님의 겁주는 말에 처음엔 주눅이 들었지만 주어진 환경 때문인지 그저 재밌어 할 뿐 아무도 힘들어 하는 기색을 찾아보지 못했다. 재밌는 하루의 짧고 긴 여행이었다.

리딩대장의 안내로 찾아간 식당은 가격이 낮으면서 실속 있는 음식 게다가 그 밑반찬은 가히 환상이라 표현하고 싶다. 그리고 곰취와 개두릅, 참당귀순의 맛은 오래 기억될 것 같다.

5월의 주전골에서 등선대까지

남설악의 환상

서울의 아카시아 향을 뒤로 한 채 또 다른 즐거움을 찾아 45인승 버스에 몸을 맡긴 우리는 신선한 아침바람을 뚫고 설악으로 향했다. 금년 들어 봄산행 중 제일 좋은 날씨였다. 육중한 몸매를 자랑하던 대형 버스는 굽이굽이 한계령길을 힘겹게 곡예하며 예상보다는 조금 늦게 목적지에 도착했다.

9시 35분경 오색에 도착하여 맑은 산공기와 함께 힘차게 흐르는 오색천의 물소리를 들을 수 있었다. 행장을 수습하여 10시 살랑살랑 산바람을 맞으며 약수교를 출발하여 산행의 첫발을 내디뎠다.

오른쪽으로 붉으스레 물든 바위 위를 흐르는 오색천물줄기를 따라 불어오는 시원한 산바람이 도심에서 쌓였던 미세먼지를 몽땅 씻어가 머릿 속까지 하얘질 것만 같은 느낌이었다. 물이 흐르며 움푹 패인 곳에는 영락없이 푸르스름하게 바뀌는 현상은 패임의 정도(물의 깊이)에 따라 옥색의 농도가 진해지며 하늘의 흰 구름도 물과 함께 흐르고 있었다.

산행로 오른쪽으로 흐르는 오색천을 따라 이어지는 왼쪽 점봉산자락의 활엽수들은 이제 오월의 햇볕을 막아 주기에 충분했고 그늘을 따라 평평한 돌길을 걷는 발걸음은 가볍기 그지없었다. 폐타이어 조각을 얽어 덮은 가교를 지나 10시 20분경쯤 성국사(오색석사 ; 등선대 3.8km, 지나온 오색약수 1.2km)에서 가볍게 몸풀기를 하고 다시 평평한 길을 이어갔다.

30분경엔 오색천 맞은편 점봉산 자락 불그스레한 절벽에 쥐들의 아파트(실제 쥐들이 서식한다고 함)라는 수많은 구멍이 뚫려있는 곳을 지나게 된다. 그 아파트와 붙어있는 절벽에 옆으로 패인 자국에 대해서는 표현할 마땅한 방법이 없었다.

지금까지의 돌길들은 매끈하고 넓은 돌들로 만들어졌지만 이제부터는 나무구조물에 폐타이어를 잘라 덧씌워 평평(산자락에 다리를 만든 가교)하든가 계단으로 무릎의 충격을 덜어주는 길이 많이 차지하고 있었다.

김밥 하나로 요기를 면했던 우리는 10시 50분경 출출해진 터에 개두릅에 환상의 궁합을 이루는 막설리 한 잔으로 갈증을 해소했다. 돌 하나 던져 출출함과 목마름을 동시에 해결하고 게다가 신선이 되는 된 기분까지 갖게 된다.

조금 오르니 아래로는 물이 흐르는 계곡이 있고 눈 위 멀리에는 연둣빛 활엽수와 소나무 몇 그루를 화폭에 담아 몇 폭 접어놓은 병풍바위가 눈에 들어오고 있었다. 그 아름다움에 넋을 빼앗기며 지름 7~8m의 넓직한 바위 위에서 추억들을 담아냈다.

산새들도 도시가 좋은지 이따금 들려오는 산새 울음소리는 그저 한두 마리 정도일까? 어쩌면 산새들도 나약함 때문에 생존경쟁에서 밀려나지는 않았는지 모르겠다.

큼직한 바위에 둥글지는 않지만 두께 20cm정도의 납작한 바위가 기대어진 틈으로 한 사람 바듯 지날 수 있는 금강문이라는 곳을 거쳐 지나며 오른쪽 만물상이 연결된 방향의 봉들이 눈에 들어왔다. 80도 정도의 역경사진 바위에 매달려 있는 한 그루의 소나무가 의연히 서있는 모습도 뜨이고 6~70m 바위가 비스듬히 겹겹이 포개진 듯한 모양도 들어왔다. 할머니의 이마처럼 주름진 바위도 세월의 흔적을 내타내고 있었다.

자연은 자연스러울 때가 가장 아름답지 않을까? 자연스럽지 않은 가교를 따라 10여분쯤 걷는 동안 용소폭포쪽에서 내려오는 계곡물과 12담 계곡쪽의 물이 합쳐지면서 후미 일행은 용소폭포로 방향을 틀어 폭포를 구경했다. 숲은 용이 숨어 있을 만큼 깊고 우거져 있었으나 4~5m의 강한 물줄기에 패여 만들어진 지름 7~8m의 에메랄드 빛 못은 용이 틀임하기에는 좀 작아보였다.

폭포를 내려와 가교를 따르다보니 오른 어깨위에서 시원한 산바람이 부드럽게 스쳐지나간다. 조금 오르니 흘림골 3.5km라는 표지가 나오고 그 길을 따라 연둣빛 숲 사이로 솟아 층층이 쌓여있는 바위를 느끼며 400여개의 계단을 오른다. 계단 중간쯤이 왼쪽으로 살짝 기울어져 수리해야 되지 않을까?

다시 짧은 계단을 내려 가교를 오르는 동안 11시 15분경 젊은 여인의 배에서 쏟아지는 듯한 세찬 소리의 신선한 물줄기는 가슴을 뚫어주는 것 같았다.

계단을 한참 오르다보니 11시 20분경 점봉산 자락과 연결된 숲 위에 솟아있는 다섯 개의 암봉이 맨 아래 봉우리는 4~50m 높이의 굵고 웅장하게 위는 가늘고 뾰족한 모습으로 들어왔다. 그 암봉들에서도 역시 연둣빛 나무들이 끈질긴 생명을 유지하고 있었다.

내리막계단을 거쳐 계곡을 약간 올라가니 조금은 약해진 20여m의 이중폭포에서 물줄기를 쏟아내고 있었다. 물줄기 바로 위에는 지름 4~5m의 바위가 물줄기를 압박하고 있었다(그래서 가늘어졌나? 주전폭포다.)

11시 23분 돌길을 따르는데 등선대 1.7km 오색 3.3km라는 표지가 나오고 굵은 돌이 섞인 흙길을 잠간하고 바로 가교로 이어진다. 왼쪽으로는 몇 십m는 되어 보이는 30도 정도의 경사를 이룬 12폭포의 물길이 윗 부분의 다른 못을 거쳐 흘러내리고 있었다. 돌계단과 나무뿌리가 흙을 지탱하여 주는 길을 지나 다시 가교계단이 이어진다.

계단에서 바라본 12폭포의 물길은 7~80m는 되어보였다. 옥색 못 위에서 쏟아지는 또 다른 몇 개의 못을 거쳐 내려오는 물줄기는 그렇게 굵지는 않았지만 감성을 자극하기에는 충분했다. 고만고만한 못들이 12개여서 그 골을 12담 계곡이라 하지 않았을까?

50도 정도의 매우 가파른 길을 4~5분 쯤 오르니 물소리와 멀어지며 가파른 100여 계단이 또 기다리고 있었다. 물론 대비는 해 놓았겠지만 계단을 설치하느라 단 아래로는 흙이 노출되어 사태로 이어질 수도 있으리라는 느낌이 들었다.

고무계단을 한참 올라 두 봉우리 사이의 깔닥고개에 이르니 11시 35분이었다. 골 옆으로 두 봉우리 아랫 자락에 사방 3m 정도의 나무에 고무를 덧씌운 쉼터가 만들어져 선두가 두 팀으로 나누어 고단한 다리를 달래고 있었다.

내리막 흙돌길을 따라 3분정도 지나니 완만한 돌길에 이어 약간의 오르막길을 따르는데 지름 5~~60cm에 길이는 10여m는 넘어 보이는 쭉 곧고 미끈한 소나무가 쓰러져 있고 바로 옆에도 10m는 안 되지만 더 굵은(지름 1m 가까운) 역시 쭉 곧고 미끈한 소나무가 옆으로 누어 안타깝게 했다.

2시 방향으로는 기암들이 눈에 들어오고 다시 가교로 이어진다. 오늘의 산행은 여유로움 그 자체였다. 골 아래서 불어오는 선선한 바람이 나무 그늘과 함께 한낮의 더위를 잊게 하고 다리 아래 흐르는 물줄기는 이제 아주 가늘어졌다. 1주일 전 방한복을 덧입어야 했던 날씨와는 천양지차이다

숲을 뚫고 솟은 바위봉은 아름다움의 극치였고 올라온 길을 뒤돌아 본 모습은 새로운 아름다움을 느끼게 했다.

현저히 줄어들던 계곡물이 47분 쯤에는 말라버렸다. 가교에 이어 가파른 계단을 오르다 잠간 평평한 흙길을 지나 가교를 지나 다리를 건너니 오색 4.5km, 등선대 0.5m 표지가 나오며 돌계단길이 이어진다.

흙돌길을 따르는데 나무그늘 아래서 점심식사를 하던 넉넉해 보이는 남녀 두 분이 같이 나누자며 포도 한 송이를 건네주어 목을 축일 수 있었다.

그늘 아래 쉬고 있는 많은 등산객들을 뒤로 하고 다리를 지나는데 왼쪽으로 10여m의 등선폭포가 보였다. 애초 계획에 우리는 등선대에서 점심식사를 할 계획이었으나 후미팀과의 교신으로 12시에 자리를 잡았다. 누군가 두 사람이 먼저 올라갔는데? 그러나 다리를 그늘 삼아 싸아온 음식들이 모이니 이 또한 진수성찬 아닌가.

배낭 안의 귀중한 음식들을 나누어 즐기느라 한 시간이 후딱 지나갔다. 등선대를 오늘의 마지막 목적지로 정하고 시작한

산행이었으므로 몇몇은 기왕 왔는데 여심폭포까지는 거쳐야지 하며 행장을 꾸렸다.

구조물과 돌길이 번갈아 있는 가파른 4~50도의 계단길을 오르다 보니 길 왼쪽으로 보라색 금낭화가 다소곳이 줄을 서 인사하고 있었다. 계곡에는 금낭화가 제법 많이 피어 있었다. 아기자기하게 놓여있는 기암들과 금낭화의 다소곳한 모습을 감상하며 암봉 사이로 들어오는 점봉산은 이곳과 동떨어진 세계인 것 같았다. 우리가 오르는 등선대 쪽도 아직 철쭉이 시간의 흐름에 뒤쳐져 있었다.

1시 18분에 둥그런 바위로 이루어진 천상[天上]의 등선대에 올라 고산지대 특유의 키가 작은 소나무 사이를 배경으로 개인 추억을 담았다.

구름 한 점 없는 맑은 날씨의 하늘에서 내려다 본 칠형제봉이 왼쪽 눈 아래 들어왔고, 대청쪽으로 바라보이는 바로 앞에는 집게바위(그냥 집게처럼 생겨서 붙여봤음)와 그 옆에 유일하게 맨살을 드러낸 육중한 바위가 나란히 서있는 모습도 들어왔다. 만가지 형상을 하였다 해서 만물상이라 했던가. 곳곳에 뾰족이 숲을 뚫고 나온 수 백의 갖가지 모양의 바위들이 진록의 온 산을 수 놓고 있었다.

점봉산에서 이어지는 백두대간길, 서북능선에서 귀때기봉을 따라 대청으로 이어지는 능선과 한계령휴게소, 멀리 약간의 안개를 뚫고 들어오는 시가지 등도 주욱 들어왔다. 암봉이 몇 개 모여있는 귀때기봉에서 묵직한 대청봉쪽으로 이어지는 능선은 완전한 봄이 아니었고 점봉산처럼 나뭇잎들이 제 색깔을 찾지 못하고 있었다.

그러나 산은 역시 산이다. 5월의 푸르름은 안정적으로 감정을 다스리도록 해줬고 12~3분을 경치에 취해있던 우리는 다시 진행하던 길을 따라 내려오다 흘림골 방향의 여심폭포로 향했다.

4~50도의 흙이 적은 돌계단을 거쳐 나무계단이 이어졌다. 내리막길은 북향이어서 나뭇잎들의 싹이 완전히 돋지는 않았다. 햇빛을 받아 투명한 것만 같은 연둣빛 이파리들이 아직은 여린 모습이었다.

가파른 내리막 계단을 따라 여심 폭포에 이르니 1시 48분이었다. 많이 가물었음을 증명이라도 하는지 물은 그다지 남자들을 사로잡지는 못했다. 그러나 그 고지에 어떻게 그렇게 물을 담아 놓을 수 있었을까? 또 만약 얼마 전이라도 비가 내렸더라면. 그런 상상을 했으면 뭇 남자들이 힘을 얻지 않았을까?

나는 산은 엄마의 품과 같다는 말을 자주 쓴다. 산은 필요로 하는 동식물과 온갖 만물을 품어주고 담았던 생명수를 구석구석 요소요소에 필요할 때 갈증을 해결해 주는 존재이다. 우리는 여심폭포 앞에 설치해 놓은 마당에서 목을 축이고 2시에 자리를 일어섰다.

이제 오르던 길을 되돌리면 오늘의 산행은 추억으로 또 잔잔한 미소 속에 기억될 것이다. 물론 되돌아 온 그 길은 또 다른 느낌으로 다가왔다. 석양(이르지만 산속 특유의?)에 반사되어 투명하게 들어오는 연둣빛 잎새들은 신선하게 들어왔고 붉은빛을 내는 소나무 줄기들도 또 다른 한국적 아름다움이었다. 이젠 따뜻함이 제법 덥게 느껴져 계곡에 풍덩하고 싶은 요구가 일었다.

그러나 무지한 바위 뒤에 숨어 있던 절벽아래 물웅덩이가 있어 더위를 식힐 수 있었다. 그 차거움은 물에 잠간만 담궈도 발이 시려웠고 온 몸의 피로가 풀리는 순간이다.

어느 산에서나 높이 올라갈수록 수량이 적어지는 것은 당연하지만, 바위가 많은 남설악에서도 아래로 내려올수록 수량이 풍부해졌고, 계곡은 거의 암반으로 이루어진 것이다. 암반을 타고 흐르던 물이 수만 수십만 년을 거치는 동안 계곡 주변의 물길이 닿은 바위들은 붉으스레한 것도 특징이다.

길지는 않았지만 많은 볼거리를 얻은 알찬 산행이었다. 오늘도 같이 참여한 산사우들께서 희색이 만연한 것 같았다. 우리는 다음을 기약하고 뒤풀이 장소로 향했다. 기름진 음식은 아니지만 담백하고 신선한 요리에 그 얹혀진 윤활유는 더욱 유대관계를 끈끈하게 만들어 줬다.

한북정맥 제4구간

구담사→서북능선→도성고개→강씨봉→한나무봉→청계산→길마봉→노채고개 (도상거리 9.75km 실제거리 12.68km)

한북정맥을 시작한지도 어느덧 3개월이 넘었다. 4구간 째 맞은 산행이다. 3번째 구간까지 보다는 출발지에서의 거리가 가까워지면서 우리를 태운 버스가 구간 연결 지점인 구담사에 도착한 시간이 8시 20분경이었다. 그만큼 산행을 시작하는 시간이 일러졌고 하산시간에 대한 부담은 줄어든 셈이다.

5월의 마지막주말 태양은 때이르게 아침부터 머리에 내리꽂혔다. 우리는 4, 5구간을 묶었다 풀어 거리에 대한 부담이 반감었으니 시작 전부터 여유 그 자체였다. 짐이 많은 사람은 나누고 부족한 사람은 채워서 산행은 25분경부터 시작되었다.

시멘트포장길을 잠간 하고 바로 평평한 흙으로 된 소로에 접어든다. 오른쪽으로는 계곡물이 흐르고 태양은 나뭇잎에 가려 가벼운 마음이었다. 5분 정도 산행 후 물이 없는 계곡을 건너 완만한 길이 이어진다. 그러나 산을 오를수록 흙길이지만 경사가 심해지며 7분 정도 진행되었을 때는 40도 이상의 경사로가 이어진다.

지난 3구간시 하산은 계곡을 통해서 내려왔는데 3구간과 연결지점인 도성고개를 향하는 4구간은 능선으로 오르다 보니 경사가 굉장히 심했다. 경사로를 따라 오를수록 마사가 섞인 길이 나타나며 미끌림 상태도 가끔 나타난다.

45분쯤 짓누르는 더위 속에 오르는 중 갸날픈 꽃대에 의지한 청초한 붓꽃 한 송이가 힘내라고 응원해 주었다. 질경이 무리가 그늘 아래 짓밟힘 속에서도 끈기 있는 삶을 유지하고 있는 모습도 들어오고 그늘을 잠간 벗어난 길옆으로는 억새와 다른 잡풀들이 푹푹찌는 지열을 감쇠시키는 역할을 해주었다.

50분 도성고개 1.9km, 구담사 0.7km라는 표지목이 친절하게 알려줬다. 25분간 0.7km를 오른 셈이니 후미에 처져 있었지만 경사도를 상상할 수 있을 것이다. 왼쪽으로는 잣나무숲이 오른쪽으로는 활엽수림이었지만 능선까지는 햇볕을 가려주지 못하여 더위에 완전 노출이다.

진달래와 오리목, 갈참나무가 주로 숲을 이루고 가끔은 소나무도 있었지만 유실수는 아니더라도 주변의 수종들을 바꿨으면 하는 아쉬움도 있었다. 보리가 익을 무렵 뻐꾸기와 함께 지져대던 이름을 모르는 산새가 규칙적으로 표표표표 짖어대는 게 더위를 더해주는 것 같았다.

9시 20분경 소나무 숲이 나타나며 후미에 처졌다가 기다리던 선두팀과 합류하게 된다. 50도 가깝게 유지되던 경사로가 완만해지면서 제법 울창한 소나무숲이 이어진다. 소나무숲길은 평평한 상태가 유지되다 35분경 도성고개 0.6km, 지나온 구담사 2.0km의 표지목이 나오고 약간의 오르내리막길을 거치며 53분경 3구간 때 내려가던 계곡길과 만난다.

능선을 비껴 가랑잎이 살짝 깔린 산허릿길을 거쳐 10시경 도성고개에 이르니 햇볕이 강렬하게 들어오며 지난번 싹이 돋아나던 풀잎들이 싱그럽게 자라나 있었다. 고개에 이르면서 앞에 진록의 잣나무숲은 그 자리를 잘 지키고 있었다. 구담사에

한북정맥 4구간

강씨봉
오뚜기고개
청계산

청
계
산
849.1 m

서 도성고개까지 1시간 10분 예상했는데 25분정도 초과하여 도착할 만큼 힘든 구간이었다.

지난번 연결구간을 올라서 평평한 임도(?방화벽)길을 따르는데 풀향이 은근히 뇌를 자극하고 오르막 경사는 조금씩 심해지기 시작했나. 왼쪽의 잣나무숲은 여전히 시원하게 보였고 오른쪽 갈참나무숲은 아직 연둣빛을 유지하고 있었다. 경사가 더 심해지면서 억새풀은 30cm 정도 자라나 있었고, 아직은 철이 아닌 뱀딸기풀과 여러 잡풀이 뒤섞여 늦봄 분위기였지만 날씨만큼은 많이 앞질러 한여름을 실감케 했다.

15분 정도에 나무계단이 나타나며 경사는 30도 정도로 유지되다 40도에 이르는 길이고 뒤로는 농촌마을이 평화롭게 들어왔다. 방화벽으로 인해 계속 뜨거운 햇볕에 노출되다가 20분경에 갈참나무 몇 그루가 길로 뻗쳐 만들어준 그늘을 잠간 스쳐가며 더위를 비껴갈 수 있었다. 23분에 도성고개 0.8km, 강씨봉 0.7km라는 표지목이 나오고 평평한 흙길이 유지되다 다시 계단길이 이어졌다.

10시 28분경 백호봉 그늘 아래 잠간 휴식을 취할 수 있었다. 잠간의 계단길이 있었지만 흙길로 비교적 완만하게 유지되고 지열은 얼굴을 후끈 달아오르게 했다. 더위에 은근한 풀향이 스쳐가며 지나온 도성고개 1.4km, 강씨봉 0.3km남았다는 표지목이 나오고 쏟아지는 햇빛을 맞으며 평평한 흙길을 따랐다.

이름 모를 산새 한 두 마리가 더위를 호소하고 갈참나무 숲 사이를 통해 안개 속의 일동 시가지 모습도 들어왔다. 약간의 오르막계단을 거친 후 다시 평평한 길에 이어 계단을 오르니 강씨봉이 나왔고 얼굴을 익히기라도 할 듯이 5월 하순의 햇살은 강렬했다.

내리막 능선을 따르다 보니 죽 이어지는 산등성이를 따라 왼쪽으로 명지산 등조망할 수 있었다. 오랜만에 종달새의 지저김을 들으며 평평한 길을 따라 약간의 오르막이 이어지고 54분쯤 헬기장이 나왔다. 헬기장을 거쳐 내려오며 지열이 얼굴을 때렸으나 나무그늘이 잠깐씩 더위를 피하게 해줬다.

내리막길이 끝나 그늘에서 더위도 즐기자는 마음과 여유로움으로 강씨봉 1.0km, 오뚜기고개 1.7km라는 표지목이 있는 곳에 도착했다. 26분 동안 1km의 산행을 편안하고 여유롭게 걸은 셈이다.

햇볕에 계속 노출되고 일부 구간이 경사는 심했지만 비교적 완만하여 견딜만한 길이었다. 이제 약간의 오르막길이 유지되다 오랜만에 소나무 그늘이 나와 햇볕을 가려줬다. 낮으막한 봉에서 잠간 휴식을 취하고 오르막길에 이어 5~60m의 나무계단을 오르니 또 봉우리가 나왔다. 봉우리를 오른만큼 내려오니 그늘을 살짝 거쳐 완만한 길이 이어진다.

11시 28분쯤 강씨봉 1.9km, 오뚜기고개 0.8km의 표지목을 거쳐 완만한 흙길을 오르내리다 커다란 소나무 한 그루가 그늘을 만들어줬다. 게다가 살짝 바람이 불어오니 얼마나 달콤한가(한나무봉이었을까?). 다시 내리막 130여 나무계단을 따라 내려오니 평평한 흙길에 오랜만에 그늘이 나왔다.

이어 30도의 내리막길을 내려오니 오아시스와 같이 잣나무 숲이 우리를 반겨줬다. 이 때가 11시 49분으로 여기서 점심 겸 휴식을 2시간 가까이 허용했다. 오뚜기령이 바로 아래 30여m인 곳이다. 우리의 음식은 우리 옆에 자리한 다른 산행인들에게 베푸는 그야말로 음식의 여유로움을 보인 것이다.

1시 40분에 출발하여 오르막길을 따라 좁은 길로 접이들어 햇볕을 등지고 진행할 수 있었다. 소로를 따라 10여분 정도 지나 오른쪽으로 갈참나무숲 그늘길을 따라 귀목봉(진행방향) 2km, 강씨봉3.5km, 오뚜기령 0.8km의 표지목을 지나며 산새울음소리가 아름답게 들려왔다. 30도정도의 오르막 흙길을 따르는데 바람과 그늘이 적당히 기분좋게 해줬다.

그늘길을 따라 해발 890m의 귀목봉삼거리에 도착하니 지나온 길로 강씨봉 4.1km, 진행방향으로 청계산 2.1km의 표지목이 나오고 시간은 2시 33분을 가리키고 있었다. 3시 3분에 돌탑봉에 도착하여 잠간 휴식 후 10분에 출발했다.

공수래공수거? 왜 갑자기 이런 생각이 난지는 모르겠다. 어찌 보면 사람 사는 것이 한낫 꿈속을 헤매는지도 모르겠다는 생각을 하며 빡센 오르막길에 이어 계단길까지 이어진다. 해발 849.1m의 청계산에 도착한 것이 4시 12분이다. 산안개가 짙어지고 거치른 바윗길을 따라 내리막길이 이어진다.

4시 20분에 길마봉 1.31km를 나타내는 안내표지가 나오고 심한 내리막은 바와 돌이 섞인 길이 이어지다 흙길을 내려오는데 그늘과 함께 시원하게 서풍이 고달픔을 조금 달래줬다.

능선을 비껴 다시 완만한 길을 더운 바람을 맞으며 걷는데 산새가 지져겨 주고 30도의 오르막을 따르는 중 시원한 바람이 불어와 줬다. 이 부분에서 알바를 하지 않았나 생각한다.

10분 정도는 헛다리를 짚은 셈이다.

늦봄의 태양은 "이제 당신들이 목표로 한 지점까지는 무리요" 라고 친절하게 알려주는 것 같았다. 또한 리더는 항상 선택과 상황 판단을 잘해야 한다. 우리의 리딩대장도 역시 "아쉽지만 길마봉은 생략합시다." 라고 판단을 내려줬다. 길마재에서 하산하기로 결정한 것이다.

오늘 산행은 구담사에서 능선으로의 심한 경사로 인한 지체와 구간을 나눈데 따른 여유로운 산행 그리고 청계산에서부터의 험한 길을 간과한 것이 목표지점을 놓친 것 같았다.

한북정맥 1구간은 눈길이 많아 겨울과 언땅이 녹아내리는 겨울을 벗어나려 하는 것을 느꼈다면 2구간은 간간이 눈도 쌓여 있고 땅이 녹아 질척거려 겨울과 봄을 같이 느낀 산행이었다. 3구간은 파릇파릇 돋아나는 풀잎들과 나뭇잎의 움이 트던가 연둣빛으로 물들기 시작하여 봄으로의 돋움을 하고 야생화를 충분히 즐긴 봄여행이었다. 4구간은 철은 늦봄인데 날씨는 여름을 질러가고 있었다.

이제 5구간은 어떻게 우리에게 다가올지 기다려 본다. 모든 산사우님들이 같은 생각일 것으로 믿고 싶다.

수리봉

산이 좋아 산에 오르던 시절이 있었다. 어쩌면 엄마의 품을 떠난 외로운 소년의 도피의 일환이었을지도 모른다. 아! 안시 저라는 표현이 맞을 것 같다. 등산이라는 생각보다는 조용한 나무숲에 들어가 혼자만의 휴식이었을 수도 있다. 틈만 나면 깔개 하나들고 동네 뒷산으로 향했었다.

당시는 산행인구도 지금처럼은 많지 않아서였을까? 거의 혼자였다. 망월사라는 곳의 젖소 농장은 신기하기만 했었다. 가끔은 양평이나 가평쪽의 혹은 서울의 북쪽의 산으로도 갔었지만 대중교통이 편리한 서울주변에 위치한 산을 주로 찾았다.

새로운 직장과 조직생활을 하면서부터는 복잡한 사회 구조에서 시달리다 휴일을 맞으면 빵 한 조각과 막걸리 한 병 등을 가방에 넣어 짊어지고 북한산이나 도봉산으로 내달렸다. 그때는 막연히 등산이라는 생각이 한 쪽을 차지하고 있었고 산을 찾는 사람들도 어느 정도는 있었다.

숲에 들어가면 사회에서의 한 주간 쌓였던 압박에서 해방되는 것은 말할 것도 없고 쌓였던 피로도 말끔하게 사라진다. 사실 직원이 25명 정도였는데 혼자만 산행을 한 걸로 기억한다. 그렇게 시작한 산행이 90년대 중반쯤부터 친구 몇이 모여 같이 산행을 나누는 즐거움도 알았다.

이제 아웃도어 산업이 우리 시장경제를 한 부분 차지할 만큼 산행을 하지 않는 사람이 이상할 정도로 우리의 산들은 등산인파로 넘쳐난다.

이제 산행은 많은 사람들의 생활의 일부가 되었다. 어쩌면 더 많은 부분을 차지할 수도 있을 것이다. 새로운 사람과의 만남의 장이 될 수도 있고 일주일만의 기다림일 수도 있을 것이다. 어제 산행을 했으면서도 우리는 다시 만나던 사람들과의 소중한 시간을 같이 하기 위해 또 하루의 시간을 할애했다.

오늘의 산행은 교통편 등 지역적으로 접근하기가 불편하기 때문에 많은 사람이 호기심이었을까? 차량지원이 가능했기 때문일까? 생각 보다 많은 인원이 참여하였다. 또한 산행을 목적으로 하기도 했겠지만 소중한 인간관계인 만남의 즐거움도 한 몫을 차지했을 것이다.

묵묵히 산을 따라 산행에만 충실한 사람도 있고 분위기를 이끄는 사람도 있다. 또 조직에는 누군가 조직을 위해 봉사하는 사람이 있다. 사실 그는 자기를 내세우지 않고 조직을 위해 하루의 시간을 내어 놓는다.

그날의 추억을 남기기 위해 셔터를 눌러주는 사람도 있고 귀한 음식들을 담아와 나누어 먹을 수 있게 하는 것도 쉬운 일이 아니다. 어찌 보면 모든 사람이 그날은 서로를 위해 봉사하는 셈이다.

이렇게 많은 사람이 보이지 않게 봉사하지만 오늘도 자신을 우리에게 기꺼이 헌납(?)한 쭈니님이 있어 즐거움이 배가되었다고 표현하고 싶다.

굽은 도로를 따라 시골길 같은 길을 지나 향락을 위한 시설이 많아 산행이 되나?라는 생각을 하며 예뫼골에 하차한 게 11시 경이었다. 비가 내린다는 예보에 걱정들도 하며 아스팔트

포장길을 따라 11시 10분경 말머리고개에 도착하여 녹음이 짙어진 산 입구에서 15분에 산행이 시작되었다.

구름으로 덮여 춥도 덥도 않아 산행하기에는 좋은 날씨였다. 임도를 비껴 바로 계단길을 거쳐 능선길을 따라 거의 평평한 흙으로 된 숲길을 따랐다. 산행 첫 머리에는 활엽수인 갈참나무와 진달래에 소나무들이 간간이 섞여 숲을 이루었지만 진행할수록 거의 활엽수림으로 그늘이 이루어졌다. 돌길도 나왔지만 거의 평평한 흙길이었으니 편안한 산행으로 이어진 것이다.

산사우의 매력일까? 동료간에 서로 보듬어주고 편안하게 해주려고 노력하며 아끼지 않는 넉넉함이 빠져들게 하는 요인일 것 같다. 오늘 처음 나온 산우들이 편안히 어울리는 모습에서도 격의 없음을 느낄 수 있었다. 더욱이 먹는 인심에서 잘 드러난다. 걷다 쉬다 산행시간 3~40분 거리인 앵무봉 넓은 곳에 자리를 잡고 점심시간에 돌입하였다.

보통의 사람들이 살아가는 데는 역시 식욕과 그 탐 그리고 맛을 즐기는 게 가장 중요한 재미(행복)중의 하나일까? 누가 뭐라 할 것도 없이 배낭 속에 준비한 음식들을 자랑이라도 하듯 쏟아 놓으니 누가 부러우랴! 보통사람들의 행복이 그 자리에 모두 전염된 것이다. 우리는 이웃간의 사촌이 되어 행복으로 가득한 산을 즐기는 것이다.

오늘 산행은 산행거리나 정도를 염두에 두지 않은, 즉 산행이라 하기 보다는 만나야 할 운명적인 서로의 관계를 확인하는 자리로 매김하고 싶다. 다만 앵무봉에서 수리봉을 향한 내리막길이 30도 정도의 경사로라는 생각이 지배했을 뿐이다.

나머지는 거의 평탄한 우거진 숲의 흙길을 따라 수리봉에 이르러 주변 경치를 느껴던 것 같았다. 바위가 제법 있는 수리봉에서 아름다운 느낌을 받았을 뿐이다.(나만인지는 모르겠다) 멀리까지 내려다 볼 수 있는 위치였으나 시정이 안 좋으니 그저 관계의 두터움을 쌓아가는 데 충실했다. 오늘 산행은 평범하면서 우거진 숲속의 기를 받은 것이 큰 소득이랄까?

그렇게 분위기에 싸여 편안한 숲길을 따라 백합나무쉼터에 이르니 넓직한 터에 죽죽 뻗은 전나무 숲이 신선한 느낌으로 들어왔다. 어쩌면 한여름 뙤약볕의 기온에서도 냉골일 것만 같은 시원할 것이라는 기분이 들 만한 수림이었다.

백합나무쉼터에서 내려오는 길은 한적한 시골 마을길을 걷는 기분이었다. 대체로 오늘의 산행은 산의 아름다움이라든가 아기자기함 보다는 그저 근교의 숲을 산책하기 위한 코스라는 표현이 적절할 것 같다. 또한 때묻지 않은 자연이 잘 보존된 모습이 북한산과는 또 다른 느낌으로 기억될 것이다. 개발과 자연상태를 보존하는 것 중 무엇이 우리에게 더 필요할까?를 깨닫게 하는 산행이기도 했다.

오늘의 가장 즐거움은 차를 타고 내려와서일 것만 같다. 연신내, 구파발, 원당 결국 몇 분을 중간에 내려주고 뒤풀이장소를 원당으로 정해 빗속을 뚫고 갔다. 하느님이 보우하사? 산행을 마치고 비가 내렸으니 그것도 하나의 복일까? 오늘도 사우님들의 행복해 하는 모습에 덩달아 취한 것 같다.

장흥의 백합쉼터와 수리봉

한북정맥 5구간

雲嶽山毘盧峯
937
한북정맥종주
북한산을사랑하는우리들
http://cafe.daum.net/ilsansansawoo
06/28/2014 01:33 PM

한북정맥 제5구간

노채고개→원통산→직벽우회→운악산서봉→운악산→47번국도
(도상거리 10km 실제거리12.8km)

한 사람이 가족의 보살핌에서 성장하다 어느 시점에서 이웃 혹은 학교라는 한 조직과 접하면서 사회의 한 구성원이 되어 간다. 극히 내성적인 사람을 제외하면 어린 시절은 구성원으로서 쉽게 어울어질 수가 있었을 것이다. 그러나 가정이나 학교의 테두리에서 벗어나 이해관계가 얽히는 사회에서의 만남은 어색함 속에 시작되기 일쑤다. 물론 경험에 의한 익숙함도 지배하겠지만.

구성원이 되기 위해서는 구성원 서로가 많은 노력이 필요하다. 물론 새로운 사람을 맞아들이기 위해 그 조직원들의 이끌음이 있겠지만 본인의 마음가짐이 매우 중요하다고 생각된다. 산행을 위한 만남도 마찬가지다. 카페를 통한 산행을 하면서 한참동안 어색함 속에 시작한 만남이 벌써 여섯 달 째이다.

공지에 대한 여러 정황을 잘 모르는 상황에서 한북정맥은 생각도 안 하고 있었는데 부찬 대장이 "형님 한 번 해 보십시다. 재미있을 겁니다." 라고 해서 시작하여 5구간에 접어들었다. 다섯 번째 이어지는 종주산행을 하면서 산우들과의 관계는 돈독해졌고 어울림도 제법 스스럼이 없어진 것 같다.

우리는 오늘도 8시 20분에 노채고개에 도착하여 27분 노채고개 도로에서 산행을 시작했다. 4구간 까지는 버스에서 맥의 연결구간까지 4~5km의 거리가 있었는데 5구간은 도로에서 바로 시작하였다. 주변 사람들이 나의 내면을 모르는 상태에서 여럿이 같이 하더라도 결국 고독한 산행일 수도 있다. 이를 헤쳐나가기 위해서는 기본적인 체력도 중요하지만 적당한 체력의 안배도 중요하다.

바로 3~40도의 경사로를 7분 정도는 힘들게 올랐으나 능선으로 이어져 숨고르기를 하며 비교적 편안한 길이어서 가볍게 시작되었다. 갈참나무 그늘을 따라 오르막이 시작되다 30도정도의 암능이나 마사토길 혹은 가랑잎이 푹신하게 깔린 길을 따르는데 시원한 남풍까지 힘을 실어줬다. 평평한 능선으로 이어지며 비교적 편안한 길을 따라 남으로 남으로 이어진다.

박무가 깔리고 살짝 구름까지 낀 숲길에다 선선한 바람은 산행하는데 최적의 날씨였다. 9시에 원통산을 지나 소나무 그늘에서 어느 정도 쉰 뒤 약간의 내리막이나 평평한 길이 번갈으며 17분경 운악산 5.16km 표지목을 지난다. 가랑잎과 소나무낙엽(고향에서는 솔걸이라 했음)이 적당히 깔린 길을 오르내리며 능선을 우회하거나 능선을 따르는 중 비가 살짝 내려줬다.

가끔은 햇빛에 노출되기도 하며 오르내리는 중 분홍색 나리 한 송이가 외롭게 그러나 상큼하게 피어 등산객들의 시름을 덜어주는 것 같았다. 30도 정도의 오르내리막 길들이 잠간 정도 있었으나 비교적 완만한 길이 유지되며 싸리, 진달래나무, 억새 혹은 들풀들이 길가에 잘 어울어져 있었다.

즐거움도 전염된다 했던가? 산행하면서 모두 즐거워하는 모습들이었고, 편안한 산행길이 계속 유지되었다. 게다가 이따금 산새들도 어울려줬구 시골 야산길의 낭만이 묻어나는 수풀길은 어린시절 동무들과 뛰놀던 그 길이었고 단발머리를 뒤로 묶고 하얀 교복의 승숙이두 어렴풋이 스쳐 지나갔다.

한두 방울 뿌리던 빗방울이 천둥소리와 함께 소나기가 쏟아지기 시작했디. 대체로 후미를 지기는 우리는 대략 비가림을 하고 산행하던 중 가파른 길을 치고 오르니 선두팀이 등성이에 비가림막을 설치하고 즐거워하고 있었다. 와중에 우리를 위해 더덕주를 담궈주겠다고 동분서주하는 쉬리님의 봉사정신. 그러나 맛은 보여주지 못했다. 햇살은 보였지만 비는 오락가락하였고 11시 20분 경에야 산행을 시작할 수 있었다.

삼십도정도의 마사토 오르막을 잠간하고 완만한 길이 이어진다. 천둥소리는 계속 이어지고 산안개는 잠간이지만 시야를 흐리게 했다. 얼마 후 햇볕이 환하게 나오며 오르막길이 시작되고 밧줄이 연결되어 무리없이 오를 수 있었다. 암능을 올라 바라보니 산안개(운해?어느 표현이 맞을까)에 운악산雲岳山 서봉이 가려지는 모습이 연출되어 구름의 산이라고 붙여지지 않았나 하는 생각이 들기도 했다.

또 다시 암능을 거쳐 오르다 큰 암봉을 비껴 지나가며 파란 하늘아래 여러 개가 층층이 쌓인 것처럼 보이는 암봉은 또 다른 모습으로 들어왔다.

삼십도 정도의 오르막길을 거치며 또 다른 암봉을 우회하는 길 역시 30도의 오르막 길이었다. 능선에 접어들어 바라본 아래 진록의 계곡 전경이 묵직하게 들어왔고 평평한 길에 서풍이 상쾌하게 해줬다. 암능을 올라서니 산행들머리인 노채고개 3.8km, 운악산 1.0km의 표지목이 나왔다. 2시간 20분 동안

3.8 km를 지나오며 비를 피하느라 30분 정도 쉬었으니 1시간 50분 정도 걸린 셈이다.

편안한 소로를 지나 암능을 거쳐가는 동안 서풍은 계속 불어주고 가파른 오르막을 치고 오르다 잠간 내려와 이미 자리 잡은 선두와 만나 점심을 해결할 수 있었다. 약간 비탈지고 좁은 장소였지만 식사를 하는데 큰 불편함을 탓하지는 않았다.

30분정도 점심시간으로 할애하고 40도의 길을 5~60m 내려간 후에 봉을 우회하여 산허릿길로 접어든다. 경사가 심한 바위산허리에 산행로를 만들어 스테인리스 기둥을 1.5m 간격으로 세우고 로프를 연결하여 안전을 도모해줬다. 양 옆으로 난간을 한 곳은 괜찬은데 한쪽만 설치한 곳도 있었다.

이 때가 오는 산행중 힘든 구간이었을 것이다. 절벽에 가까운 경사를 가로질러 만들어진 산행로도 경사로였다. 절벽에 하얀 안개꽃처럼 뭉쳐 피어 있는 이름 모를 꽃의 꿋꿋한 모습도 신선해 보였고 그런 비탈길을 20분 이상 산행한 다음 잠간 능선에 이를 수 있었다.

능선 산행로를 잠간 벗어나 바라본 가평군 하면에서 운악산 쪽으로 이어지는 병풍바위의 웅장한 모습도 들어왔고 계곡이 내려다 보이는 중간에 우뚝 솟은 쌍둥이 바위(두 개가 같이 있어 붙여본 이름) 위에 잘 퍼져 자라고 있는 소나무 한 그루가 생명의 신성함을 보여주는 것 같았다. 가끔씩 옮겨놓은 듯 포개진 모습의 불쑥 솟은 기이한 암봉들도 신비한 자연의 단면을 보이면서 대체로 바위가 많다는 것을 느낄 수 있었다.

서봉을 앞두고 계단두 잠간 나오며 삼십도정도의 길을 한참

雲岳山
(西峰)
935.5M

오르니 935m의 운악산 서봉이 나왔다. 어렵다면 어려운 운악산을 오르는 데는 어렵다는 표현을 안 하여도 될 것 같았다.

5분쯤 쉬고 옮기는 발길은 편안했다. 해발 900m 이상의 높이에 들풀들과 이런 흙길이 놓여있다는 게 신기할 뿐이었다. 7~8분 편안하게 산행하다 20도 정도의 경사로를 오른 후 937m의 운악산 동봉에 오를 수 있었다.

그 고지에 아이스케키 장사가 등산객들의 군침을 흘리게 했다. 근데 아쿠 와이리 비싸노? 그래두 그 시원함의 표현은 둘이 먹다 하나가 죽어도 모를 꿀맛이었다. 또 그런 추억을 하나 만들고 사부작거리며 내려가기를.... 내려가는 길은 바로 계단으로 이어졌다. 나무 구조물로 200계단 정도 되지 않았을까?

계단길을 내려오면서 아이스케키의 여운이 아직 가시기도 전에 길 왼쪽에 서너평은 됨직한 평상 2개가 나타나자 리딩대장이 쉬어갑니다. 우리는 남아 있는 음료수를 마시며 상상만 해두 좋을 소풍의 즐거움을 만끽하였다.

대부분의 사람들은 살아가면서 어느 정도 익숙해지면 분위기에 어울어져 간다. 앞에서 이끄는 데 전력을 다하는 것처럼 보였던 리딩대장인 마운틴님도 4구간에 이어 오늘도 부드러워 보였다. 일부 구간을 제외하면 편안한 길이면서도 팀원들과 같이 걷고 때로는 먼저 쉴 곳을 찾는 모습으로 비춰지며 새로운 마운틴님을 만난 것 같았다. 결코 강해 보이는 리더가 최상이 아님을 입증한다고 할까?

남은 음식으로 행복해 하며 20여분을 보내고 2시에 내리막길을 택했다. 비가 또 내리려는 조짐인지 천둥이 울려왔다. 산허릿길을 통하여 내려오는 길은 편안했고 계단두 있고 30도 정도의 하향경사로두 있었다. 25분경에는 역시 비가 내리기 시작했으나 우리는 유유자적하다 보니 또 뒤쳐지는 신세가 돼버렸다.

35분경부터는 오르막 길이 시작되어 5분 후쯤에는 숨이 찰 만큼 경사가 심해졌다. 아마 30분 정도는 오르막 경사로였을 것이다. 3시 5분에 암봉을 살짝 넘으며 내리막길이 시작된다. 지나온 운악산 2.75km, 47번 국도 1.21km 남았다는 표지목이 나왔으니 이제 산행은 거의다 마쳐가는 셈이다. 어쩌면 이정표의 길을 택했는지 다른 지름길로 내려왔는지는 모르겠다.

3시 반경 부대 옆을 지나며 맑게 개인 파란 하늘에 흰 뭉게구름이 흐르고 깨끗하게 들어오는 숲과 풀숲에 맺힌 빗물방울을 털며 지나가는 기분은 상쾌했다. 비가 내린 뒤의 깨끗해진 시야가 너무 상큼하게 들어왔고 그 상큼함에 산행을 마친다는 생각은 발걸음을 더욱 가볍게 했다.

도로를 몇m 앞둔 후미진 수풀을 잠간 거치는 동안 널려진 쓰레기들이 잡치게 했지만 바로 탈출하여 조그만 도로가 나오며 오늘의 산행을 마무리했다. 그 길가 수풀에 달려있는 빨간 산딸기를 오랜만에 맛보는 재미도 쏠쏠했다.

이정표의 수치상 나타난 거리는 뭔가 잘못 되었다는 느낌이 들었다. 어쩌면 4구간에 못한 부분을 오늘 했더라도 무리가 없지 않았을까 할 정도의 여유로운 산행이었고 날씨까지 도와줬으니 힘든 모습을 보인 산우는 없는 것 같았다. 그렇게 우리는 4시쯤 산행을 마치고 또 다른 재미를 찾기 위해 버스를 기다렸다.

주금산

좋은 사람들과 만난다는 기대로 어제 산행의 고단함은 문제가 될 게 없었다. 짧은 시간의 만남이지만 서로를 이해하려 노력하고 생각만 해도 미소 짓게 하는 얼굴들, 마주보면 더욱 편안한 사람들이다.

수동면의 농촌 마을을 거쳐 가다 보니 계획보다 조금 늦은 9시 40분쯤 주금산鑄錦山 자락 몽골문화원에 도착했다.

10시 경 경사진 시멘트포장길을 6~7분 정도 지나 산행길 다운 길이 나오며 30도 정도의 오르막 자갈길이 시작되었다. 휴양림이라 해도 손색없을 숲길은 자잘한 나무와 무릎 아래 크기의 산풀들이 조화를 이뤄 자연을 흠뻑 풍기고 있었다.

우거진 활엽수 사이에 전나무와 잣나무 몇 그루가 나오며 흙길이 끝날 즈음 누군가 버리고 간 쓰레기 한 무더기가 쌓여 있었다. 우리는 주변 사람에게 피해를 주지 않고 살아가야 한다. 그러나 일부 사람들이 주변을 배려하지 못하는 경우가 종종 있다. 어떤 일이든 내가 힘들다고 느끼면 상대도 마찬가지로 힘들고, 내가 귀찮으면 옆 사람 역시 귀찮다. 나의 조그마한 수고로 주변 사람들 모두가 행복해질 수 있을 텐데.

조그만 계곡을 건너며 계곡을 오른쪽에 두고 시멘트포장길을 1분 정도 오르니 평평한 길이 나왔다. 일행보다 뒤처져 걷던 중 "까그매가 울고 있네." 라고 누군가 하는 말이 귓가에 들렸다. 하도 오랜만에 들어보는 반가운 말이라서 그의 고향을 물었더니 역시 내 고향 근처의 사람이었다.

까마귀를 우리 고향에서는 까그매라 했다. 우리가 어린 시절 까마귀가 무리를 지어 하늘을 선회하면 누군가 때가 이른 사람이 사망한다는 속설도 있었다. 그러나 언제부터인가 몸에 좋다고 하면 가리지 않고 욕심을 내는 일부 사람들의 남획으로 우리 주변에서 까마귀가 자취를 감추는 듯하더니 근래에 다시 나타난 것 같다. 그러니 거의 50여년 만에 들어보는 이름이다.

10시 16분경 시멘트길이 끝나고 돌 섞인 흙길이 나오며 산새 소리와 계곡을 흐르는 물소리가 산행의 평온함을 느끼게 해 줬다. 조금 후 계곡물 소리는 들리지 않고 새들의 천국인 양 오랜만에 많은 새들이 지저귀는 소리를 들으며 흙길을 걸으니 심신이 편안하기가 이루 말할 수 없었다.

계곡이 나오면서 10분 정도 취한 휴식은 또 다른 쏠쏠한 재미를 준다. 휴식을 끝내고 심목 계단길을 거치니 다시 평평한 흙길이 나왔다. 휴양림의 한 부분인지는 모르겠지만 우거진 숲의 향기가 은은하게 자극해 왔다. 왼쪽으로 흐르는 계곡을 건너 한 사람이 바듯이 지나갈 수 있는 숲길을 지나 45분경 몸을 구부려야 지날 수 있는 자잘한 나무숲을 지난다.

잣나무 몇 그루가 있는 내리막길을 조금 내려가니 억새풀이 길 옆에 늘어서 있고 곧 시골길 같은 오솔길이 나왔다. 줄곧 숲 덕분에 그늘을 지나왔으나 11시경 능선에 오르며 큰 나무가 사라지자 잠깐 햇볕에 노출되었다. 11시 5분쯤에는 길 옆으로 잣나무 한 그루씩이 늘어서 숲길을 이루고 있었다.

삼거리가 나오며 오른쪽 평지나 다름없는 살짝 오르막길을 따랐다. 햇빛이 잠깐 나오고 제법 산길 같은 돌도 섞인 거친 길이 우리를 안내했다. 이제는 갈참나무가 주로 숲을 이루었고 가끔 소나무 몇 그루가 그 존재를 알리고 있었다.

23분경 갈참나무 숲 사이로 비금계곡 방향의 아름다운 숲 전경이 한눈에 들어왔다. 농촌의 풍경도 비치었으나 숲 위로 송전탑을 지나는 송전선을 보고 있으니 이제 그 어디에서도 원시의 순수한 자연을 느끼기가 힘들겠다는 생각도 해 보았다. 문명이 자연과 어울어 질 때 사람들의 삶도 풍요롭지 않을까?

편안한 흙길을 따라 30분경에 안암절 2.14km, 정상 1km의 안내 표지목이 나오고 바위봉을 넘어 30도 정도의 내리막길이 이어졌다. 곧 오르막 경사로인 지그재그로 경사를 조금 완화시키는 길을 2분쯤 걸었다.

잠깐 바위길을 하고 바위를 우회하여 오르내리기를 하며 제법 넓은 자리가 나오자 자리를 폈다. 산행을 하며 가장 행복한 순간으로 1시간 30분이 어떻게 흐르는 지도 잊고 있었다.

점심을 마친 후 30도 정도의 오르막길을 6~70m 오르니 넓은 헬기장이 나오며 정상 봉우리를 제외하고는 거의 모든 방향이 시야에 들어왔다. 주금산 정상을 향하는 도중에는 팔각의 정자가 있었다. 정상까지는 500여m 남았고 주금산 안내표지목이 서 있었다. 아까 몽골문화원 맞은편에 화살 만드는 체험장이라는 표시가 있었는데 鑄錦山이라는 한자말을 보니 어렴풋이 산 이름과 연관이 있을 것이라는 생각이 들었다.

우물 안 개구리격일 수도 있지만, 이렇게 멀리까지 내다보이는데 온통 산으로 둘러싸이기까지 했으니 이 곳이 우리나라에서는 자연에 가장 근접한 곳이 아닐까 하는 생각도 해보았다.

띄엄띄엄 농촌 마을이 보일 뿐 첩첩산중이었다. 동쪽으로는 가평일 테고 남으로는 남양주시일 것이며 서북은 포천쪽일 것이라는 어림짐작만 할 수 있을 뿐이었다.

정상에서의 시원한 산바람을 맞으며 2시에 내리막길을 택했다. 내리막길은 경사가 심했다. 뒤에 처져 선두와 끊긴 몇은 다시 자리를 잡고 20분경 40정도 하향 오솔길을 내려오다 심목 계단도 만나고 다시 편안한 길을 만나기도 하였다.

산행을 하며 오늘처럼 새들의 천국을 경험한 것은 처음인 것 같다. 오늘은 산을 오르기 시작하면서부터 연신 새들의 지저귐을 들을 수 있었다. 그만큼 숲이 우거져서일까? 숲으로 가려져 햇빛을 별로 볼 수 없을 정도이니 말이다.

경사로의 나무계단이 흙을 지탱하는 길도 만나고 내려오는 길의 부분 부분이 거친 곳도 자주 있었다. 소나무 숲의 쉼터에서 쉬고 있는 선두와 합류하여 내려오는 길에는 우르릉 번개 없는 천둥이 울어대었다.

얼마나 내려왔을까? 마른 계곡을 지나 계곡에 물이 비치기 시작했다. 그 곳엔 이미 다른 3명도 자리하여 몸 보양에 여념이 없어 보였다. 사람 사귀기를 잘하는 사람은 헤어지면 금방 끝날 그들과 새로운 관계 설정에 들어간다.

계곡에 발을 담그니 물 밑 바닥에 쌓여 있던 흙이 떠올라 아무도 알탕을 하지 않는다나? 그런데, 아뿔사! 생각지도 못한 소나기가 쏟아지니 모두들 혼비백산이다.

산행을 하며 그렇게 또 여유로운 하루를 역사 속으로 보낸 우리는 곧 산행 날머리에 도착했다.

한북정맥 제6구간

47번국도→온천장갈림길도로→수원산→국사봉→큰넓고개 (도상거리 13.25km 실제거리 17km)

한북정맥 여섯 번째의 날이다. 6시 20분에 집을 나서니 컴컴한 아침 하늘에 비구름이 남풍을 타고 북으로 흐르고 있었다. 우리가 가야 할 방향으로 바람이 불어주니 자칫 많은 비를 만날 수도 있지 않을까 걱정을 하며 시내버스를 탔다. 버스에서 내려 수락산방향으로 이슬비를 맞으며 걸어가는데 플라타나스의 향이 잠간이지만 향수에 젖어들게 했다.

궂은 날씨 탓에 산행 목적지까지 갈 버스가 조금 늦게 도착하였지만 47번 국도변 6구간 산행입구에는 8시 10분에 도착하였다. 이번에도 또 새로 보이는 얼굴들이 있었다. 4구간까지는 많은 인원이 참석하여 버스가 꽉 채워졌었는데 5구간에 이어 6구간에서도 좌석이 남아돌았다.

나만의 생각인가? 나와의 약속이기 때문에 같이 끝까지 해야 되는 것으로 생각했고 이변이 없는 한 12구간을 같이 할 생각이었다. 그러나 두 구간에서 빠져나가 같이 하지 못하는 산사우들이 있어 못내 아쉬웠다. 근교 산행이야 어쩔 수 없지만 차를 이용한 원거리 산행에서 물론 강제력은 없지만 같이 해주었으면 하는 아쉬움이다.

4구간까지는 24명이었지만 16명으로 6구간이 시작되었다. 2구간 광덕 고개에서의 도로로 인해 정맥이 끊겼었는데 5구간과 6구간 사이도 47번 국도로 인해 맥이 끊겨 길을 건너 산행이 시작되었다. 8시 20분 경 부대 앞의 시멘트 포장길을 벗어나 숲길로 접어들어 바로 부대 철책 옆으로 길이 이어진다. 살짝 뿌리는 이슬비 속에 불어오는 시원한 남풍이 산행하기에는 더없이 좋은 상태였다.

7~8분 후에는 산길이 이어지고 얼마 후 또 철책길을 계속 따른다. 약간의 경사는 있었지만 비교적 편안하다는 표현이 맞을 그런 길이 계속 유지되었다. 9시 25분경에는 철책 옆 부대 안밖으로 보랏빛 산도라지 꽃과 노란 나리꽃이 3~400여 미터의 거리를 우리와 함께 하고 있었다. 흔치 않은 청초한 야생 도라지꽃은 우리들에게 새로움을 전해 줬다.

100여미터의 경사로를 꽃을 감상하며 오른 후 철책을 벗어난다. 빗길을 따라 30도 정도의 경사로를 내려와 9시 40분 명덕 삼거리(아스팔트 포장의 2차로 지방도?)에 도착하니 빗발이 좀더 강해졌다.

궂은비 내릴 때는 빈대떡에 막걸리가 제격이라 했던가? 우리는 도로 옆 공터(정원이라고 표현해야 되나?)에서 노동 후 막걸리 한 잔의 달콤한 유혹에 10여분을 빠져야 했다.

50분 바로 산행이 이어지는데 고약한 냄새가 심하게 코를 찔러왔다. 한 농가에서 견공들을 집단 사육하여 산꾼들의 머리를 어지럽힌 것이다. 이때부터 바로 심한 경사로가 시작된다. 조금 전까지만 해도 편안한 길이었는데 30도 정도(물론 약한 곳도 있었지만)의 경사로를 40여분 이상은 한 것 같다. 경사가 있는데다 진흙의 빗길이어서 많이 미끄러웠다.

아마 이때쯤이 수원산이었을 것으로 짐작한다. 다소 길이 완

한북정맥 6구간

陸士生徒六·二五參戰紀念碑

만해지면서 수풀을 헤치거나 걸치적거리는 관목숲을 헤쳐가다 보니 여간 구적거리지가 않았다. 약간의 경사로를 내려가다 11시경에 자리를 잡고 점심 식사에 몰입하였다. 여름산행하면서 춥다구 덧옷을 입는 사람도 있을 정도이니 최소한 덥지는 않은 날씨였다. 메이님은 반찬이 빗물에 젖는다구 우산을 받치는 봉사까지 하였으니 팔 근육좀 생겼을라나?

점심 시간중에도 부지런한 쉬리님은 어느 사이 더덕을 두 뿌리나 캐어 왔다. 그 자리에 오래 머물러 있기엔 날씨가 쌀쌀해서인지 즐거워하면서도 점심시간은 평소보다 많이 짧은 30분 정도였다.

40분경 자리에서 일어나 한참을 앞서가며 한 곳에서 후미를 기다리는데 세 사람의 기미가 보이지 않았다. 가만히 생각해보니 갈림길이 있던 그 곳에서 어긋난 것 같았다. 전화상으로 서로 엇갈림을 확인하고는 바로 계속 이어졌다. 우리가 산중에 있는 동안은 안개 같았지만 운해를 헤치며 가는 중 주변의 경치를 확보하기는 쉽지 않았다.

오후 산행을 하는 동안 엊저녁 강풍에 쏟아진 잣송이도 익지 않고 떨어진 다래와 돌배들도 어디에 쓸 곳도 모르면서 줍는 재미도 있었다. 어느 구간에서는 능선을 좌우로 수종이 확연히 다르게 구분되었다. 진행방향 왼쪽은 잣나무 숲이고 오른쪽은 그냥 잡목(주로 갈참나무)으로 이루어져 있었다.

오전에는 명덕 삼거리에서 휴식 후 조금 힘든 길이 있었지만 오후 산행은 편안하게 진행되었다. 다만 1시 40분경 국사봉 주변을 이동하면서 암능이 조금 있었고 그 즈음이 경사도 있었다. 국사봉을 내려오면서의 경사로에서는 무릎에 부담이 오기도 했다. 하산지점인 큰넓고개에 이른 시간이 2시 40분이었다. 생각보다 일찍 목적지에 이른 것이다.

오늘산행은 하산 후 산행 윗적으로 재미있는 일이 있었다. 이음님과 부찬님의 재치는 생략하구. 뒤풀이에서 그로 인해 술을 몇 잔이나 더 마셨을까? 또 쉬리님의 진록색의 더덕주 맛은 최근들어 최고의 맛이어서 욕심에 석 잔이나 더 얻어 마신 것 같았다. 그래서?... 마신 양에 비해 덜 취한 것 같았다.

그리구 식당 주인이 스스로 산꾼(우리 같은 산행이 아닌 약초를 캐는 산꾼)으로서 담궈 진열해놓은 그 약초 술들이 방 안을 가득 메우고 있었다. 나 같으면 한잔씩 나눌 수도 있을 것 같았는데.... 그 분위기에 묻혀져 들었던 것 같다. 아쉬움을 뒤로 하고 여지껏 산행중 가장 이른 귀가가 아니었을까 생각하며 우리는 다음 구간을 기약해야 했다.

8월의 남설악

산사우와 1박을 하는 남설악의 산행을 위해 수락산역에 정확한 시간에 도착하였다. 그러나 우리를 싣고 갈 차량이 조금 늦는다 했다. 마른장마가 한참 이어지고 8월의 폭염은 저녁 7시가 되어도 한낮의 더위를 식혀주지 못했다. 늦어지는 차를 기다리며 노래님과 시원한 맥주 한 잔에 갈증과 함께 잠간이나마 더위를 피하기로 하였다.

40분 정도에 늦게 도착한 차에 몸을 싣고 바라본 도봉산 쪽은 거무스름한 구름을 붉게 물들인 저녁노을과 잘 어우러져 아름다운 모습을 보였다.

휴가철이어서 도로가 많이 밀릴 것으로 생각했었는데 경춘고속도로는 막힘없이 잘 빠져나갔다. 그러나 44번 국도를 통해 인제를 거쳐가는 동안 야간 운전이 서투른 운전자들로 인해 밀리는 듯 했으나 호프만님의 순발력은 그들을 잘 피해 10시 조금 넘어 숙소에 도착할 수 있었다.

남설악의 신선한 아침공기는 엇저녁(사실 오늘 0시 30분) 늦게까지 마신 음식들이 부담스럽지 않을 만큼 상쾌했다. 새벽잠을 깨우는 닭울음소리에 기상한 남설악의 새벽 하늘에 유유히 흐르는 회색빛 구름 그리고 부지런한 참새들의 지저귐과 오색천을 흐르는 청량한 물소리는 오늘의 기분 좋은 산행을 예감케 했다.

하늘은 선명치 않았으나 상쾌한 기분으로 7시 40분에 우리는 숲으로 빨려 들어갔다. 적당한 음주가 사람들과의 관계를 맺어주는 데 역할을 한다면 산행은 사람들과의 관계를 돈독히 해주는 역할을 하는 것 같다. 이음님의 친구 분은 어떤 조건없이 우리를 리딩해 줘 그와의 관계가 어느덧 스스럼없이 되어 산속으로 발길을 옮겨갔다.

산길을 따라 우거진 숲속의 기를 10여분 폐부 깊숙이 빨아들이며 편안한 산길을 따랐다. 그러나 우리는 설악을 오르는 것이다. 만만하게 우리를 놔두지 않았다. 3~40도의 경사로가 이 "정도는 해야 되지 않겠소" 라는 듯 자주 우리 앞을 가로막았다. 그러나 우리 10명은 이 정도는 무리없이 헤쳐 나갈 수 있었다.

설악은 기묘한 바위도 바위들이지만 소나무와 다양한 종류의 식물들 그리고 맑은 계곡의 조화로움이 사람들을 더욱 매료시키지 않았나 생각한다. 그중 조각작품과 같은 바위와 소나무가 가장 아름답지 않을까?

그렇게 소나무를 낀 능선길을 오르며 바라본 서북능선에서 대청봉 쪽으로 이어지는 등성이 아래 하얀 구름덩어리와 그 앞 만물상의 기묘한 바위들은 발길을 멈추게 하기에 충분했다. 산과 바위, 흐릿한 하늘과 하얀 구름은 비갠 뒤여서 그들의 윤곽을 선명하게 드러내었다.

우리는 그 경치를 머릿 속에 넣은 채 다시 발길을 이어야 했다. 잠간 자잘한 나무로 인해 우리를 햇볕에 노출되었으나 바로 숲속으로 들어가야 했다. 잠간은 암능길도 거치는 중 덥다기 보다는 주체하지 못할 만큼 온몸을 흥건한 땀으로 적셔야 했다. 그러나 숲속으로 접어들면 그 시원함이 조금 전의 불쾌함을 씻은 듯이 날려 버린다.

1,000m의 고지에 접어들었을 즈음에 평평한 흙길이 100여m는 이어진 것 같았다. 가끔 아름들이 나무들이 쓰러져 있는 것도 목도하였는데 호프만님의 말로는 벼락에 의한 것이 아니겠는가 하였다. 자연의 힘을 느낄 수 있게 하는 장면이다.

높이 오를수록 산안개가 짙어지며 11시경에는 주변 먼 곳의 경관을 즐길 수는 없었다. 산등성이에서 바라본 산 아래는 그저 운해만 흐를 뿐이었다. 주변의 경관이 아름다움까지 느낄 수 있으면 금상첨화겠지만. 그러나 우리는 산행을 하면서 산을 즐기면 되는 것이다. 우리 10명은 신선이 되어 그름 위를 걷고 있으니 바로 하늘길을 걷는 것으로 생각하면 또 얼마나 즐거운 일인가?

많은 생명체가 햇볕 속의 자양분을 받아야 생명을 유지할 수 있다. 그러나 우리는 숲속 그늘에서 자라는 여러 종류의 야생초나 야생화를 눈으로 확인할 수 있었다. 물론 나뭇잎 사이로 간간이 햇살을 받을 수는 있었을 것이다. 1,300~1,400m의 고지에 다다르니 고산지대 특유의 관목들이 숲을 이루던가, 야생초나 야생화가 그들만의 세상이 된다.

다양한 야생초, 수십 종의 야생화들도 점봉산의 매력일까? 아마 인공적인 재배가 아니면 쉽게 접할 수 없는 여러 종류의 풀과 꽃을 구경할 수 있었다.

엇저녁, 아침에 이어 크리스탈님의 음식과 크님을 도운 메이님, 노래님의 묵밥(?), 이음님과 리딩대장님의 주먹밥 그리고 박카스님이 주섬주섬 해온 음식들은 우리에게 행복감을 안겨주기에 충분했다. 또 정하님의 명태국은 쌀쌀한 산위에서 우리의 배를 따듯하게 해주었다. 그렇게 우리는 점심을 해결하고 오후의 산행길을 시작하였다.

오후에도 내내 시정이 좋진 않았다. 내려오는 동안 습기 가득한 산길은 미끄러운 데가 자주 있었다. 비가 내릴 조짐이 있어 예상했던 것보다 짧은 길을 택하기로 했다. 그렇게 내려오는 길은 아기자기한 바위들이 감탄사를 자아내게 했다.

내려오는 도중에 비가 얼나나 내렸는지 모르지만 부분적으로 사태가 난 곳이 이었다. 건축을 전공한 호프만님에게 보강할 수 있지 않겠느냐 했더니 시작된 사태는 쉽지 않을 것이라고 했다. 그러면서 또다시 계곡이 형성되지 않겠느냐는 것이다. 그렇다 그런 조짐이 보이기 전에 대처할 수 있는 방법이 없었을까 하는 아쉬움을 남긴 채 중간에 비를 만나 서둘러 하산해야 했다.

서울과 위도상 큰 차이는 없겠지만 5월 초에는 설악의 계절이 1달여는 차이가 나는 것 같았다. 8월의 설악은 녹음이 진했고 부슬비 내리는 바위들은 또 다른 아름다움으로 다가왔다. 맑은 물줄기, 기기묘묘한 바위, 아름다운 소나무들을 뒤로 하고 아쉽지만 우리는 계곡길을 지나고 계곡은 건너며 4시 40분에 하산 완료했다.

호프만님, 이음님, 이음 친구분, 정하님, 노래님, 크리스탈님, 메이님, 박카스님 여러분들의 봉사하는 마음에 즐거운 산행이 될 수 있었습니다. 그리고 왕궁님의 차량 봉사로 집까지 편안하게 들어올 수 있었습니다. 모두 고마웠습니다.

방태산

보양식만이 몸보양을 하는 것은 아니다. 산행을 10km쯤 하면 보양식 10 그릇의 값은 할 것이다. 이틀 전이 말복末伏과 겹친 입추立秋였지만 오늘 산행을 함으로써 체력을 유지할 수 있으니 일석이조 아닌가? 또 산에서의 만남이 이루어졌다.

어제는 전형적인 가을날씨였다. 따가우면서도 기분 좋은 파란 하늘, 그 아래 흘러가는 흰 구름..... 어릴적 가을날씨는 따끈따끈해야 곡식(벼)이 잘 여문다던 아버님의 말씀이 떠올랐다. 그러나 어제의 날씨는 늦여름의 가을을 느끼게 했었다. 왠지 오늘도 그런 날씨일 것만 같은 아침이었다. 구름은 살짝 얹혀져 있었지만 선명한 시정에 성산대교를 지나며 보였던 한강 주변의 녹색 조경수와 잔디가 오늘의 산행을 예감케 했다.

6시 35분 경 합정역을 출발하여 인제읍을 9시에 지났으니 차가 밀리지는 않고 잘 달려간 셈이다. 인제읍을 벗어나면서부터 잘 보존된 상태의 숲과 내린천을 끼고 만들어진 구불길을 따라 방태산 휴양림까지 가는 거리가 50km는 되지 않았을까?

강폭이 너르면 유유히 흐르고 좁으면 물살이 빨라지는 내린천과 주변경관을 감상하며 현리라는 마을을 지난다. 방동리부터는 바로 휴양림이라 해도 좋을 만큼 숲이 울창하였다. 방태산 휴양림 매표소를 지나 10시경 대형차량을 위한 주차장에 도착하니 물소리부터 시원함을 느끼게 했다.

울창한 숲 사이로 흐르는 이단폭포에서 기념촬영을 하고 10시 20분 경에 산행이 시작되었다. 파란 하늘에 흰 구름 몇 조각 흐르는 맑고 선선한 기온에 너르고 평평한 길은 몸이 스스로 굴러가는 기분이랄까? 구룡교를 지나고 세찬 물소리와 전나무 숲이 이어지며 제 2주차장에 도착하여 모인 다음 B팀과 대여섯 시간을 따로 하기로 기약해야 했다.

10시 42분에 약간 경사진 소로를 따른 후에 돌길이 이어진다. 11시 20분 경부터는 30도 정도의 경사로가 시작된다. 몇일 전에 비가 내렸는지 살짝 젖은 흙길이 미끌리지도 않으면서 부드러운 느낌을 갖게 하여 무릎의 부담을 줄여주는 것 같았다.

잠간 평평한 길이 어느 정도는 있었으나 경사로는 계속 이어진다. 30분 정도를 시원함 속에 땀을 흘리며 빡세게 하였으니 아마도 거리가 거의 1km는 되지 않았나 생각된다. 잠간 완만한 길을 지나 경사로를 거쳐 12시 10분에 해발 1,370여m로 기억하는 매봉령에 오를 수 있었다.

방태산을 향하는 버스에서 마운팀대장이 리딩대장에게 정규탐방로 외에 깃대봉까지의 얘기를 들었기 때문에 살짝 기대를 하고 있었다. 매봉령에 오르자 마운팀님이 할 수 있는 사람은 깃대봉까지 오르자며 바로 점심을 서둘렀다. 매봉령의 기온은 겉옷을 걸쳐야 좋을 만큼 한기를 느끼게 했다.

점심식사를 마치면서 A팀중 여섯 명이 깃대봉을 향해 바로 경보 수준으로 발길을 옮기기 시작했다. 10분 정도는 완만한 길이었으나 다시 5분 정도 후 30도의 경사로가 숨을 헐떡이게 했다. 이 때부터 선두와의 거리가 생기기 시작한다. 그러나 산에서 큰 욕심은 금물이다.

방태산 휴양림과 야생화

〈적가리골 초입〉

주변 야생화도 흘깃 훔쳐보고 후기를 위한 메모도 하며 숨고르기로 산행에 임했다. 1시에 평평한 임도가 나타나며 다시 빠르게 걸을 수 있었다. 이 때부터는 높은 산의 특성이랄까? 관목이나 야생초와 야생화들이 산을 덮고 있어 햇빛에 자주 노출되었다. 그러나 땀으로 범벅한 채 선두를 쫓기에 여념이 없었다.

10분 정도 후 임도를 벗어나 오솔길에 접어든다. 너덜길의 정확한 의미는 모르겠지만 아마도 소로는 울퉁불퉁 뾰족한 바위들이 밖힌 너덜길이었을 것이다. 구덕령봉을 지나 앞서가던 마운틴 대장이 기다리고 있다가 하는 말이 만약 1시 40분까지 주억봉에 도착하지 못하면 뒤에 쳐진 두 사람과 후미팀과 합류하는 게 좋을 것 같다 하며 바로 달리기 시작했다.

나도 이제 뒤를 돌아볼 여유는 없었다. 그들을 따라 달린다는 표현이 맞을 만큼 부지런히 발길을 옮겼다. 이십여년 전 백운대를 향해 달려 올라가던 기억이 스쳐갔다. 누군가는 산을 즐기지 않고 무리하게 하는 가고 비웃을 수도 있을 것이다. 그러나 빠르게 움직이면서도 바로 이웃한 주변(표현하기 어려운 야생화들의 아름다움)은 뇌리에 담을 수 있었다.

1시 33분에 30도의 경사로를 박차고 3분정도 올라가니 선두팀이 기다리고 있었다. 1,444m의 주억봉에 오른 것이다. 박무가 살짝 깔렸으나 시정은 괜찮았다. 정말 첩첩 산중에서 가까운 산들은 나뭇잎도 알아볼 수 있을 것 같은 깨끗함. 그러나 멀리 여러 층 너머의 봉우리들은 얇은 비닐에 가린 듯 아주 선명치는 않았다.

주억봉에서 약간의 주변 경관을 느끼고 촬영도 하며 또 다시 깃대봉을 향해 부지런히 발걸음 했다. 암능을 두세 군데 거쳐 지나면서 조각품과 같이 교묘하게 놓여진 바위도 바위 틈에 쬐금 남아 있는 흙으로 생명을 유지하는 야생화도 구경하며 여유를 부린 것 같았다.

바로 앞으로 닥쳐 올 상황에 대해서는 예측을 못한 것이다. 너덜길의 마지막 암능을 내려오니 평화로운 모습의 넓진 않지만 경사진 들판 비슷한 초원이 들어왔다. 황자연님 왈. 목장을 할 수도 있겠네. 사실 나도 이럴 수도 있을까 하는 생각을 가졌었다.

초원을 지나 약간의 경사는 있지만 편안한 길을 따라 오르며 후미팀에 전화를 했으나 불통이었다. 그러나 바로 유다님으로부터 연락이 와 진행을 죽 하기로 하고 3시에 깃대봉에 오를 수 있었다. 깃대봉을 오르며 봐두었던 자리에 내려와 갈증해결을 위해 자리를 잡으니 지나온 암능 쪽에서 움직임이 보였다.

여유로운 마운틴님, 청해님 그리고 어린 아이마냥 좋아하는 황자연님. 아마도 힘든 과정 후의 여러 사람들의 모습이랄까. 하늘에 검은 구름이 수상쩍게 흐르며 강풍이 몰아쳤고 비가 내릴 것만 같은 음산한 기운이 맴돌았다. 이카루스와 유다님이 합류하여 내려오는 길은 속보로 시작되었다.

내려오는 시작은 완만하고 편안한 것 같았다. 단지 산행인들이 발을 많이 들여놓지 않은 곳이라서 무성하게 자란 풀을 헤치며 내려오다 보니 여간 걸치적거리는 게 아니었다. 그러나 그것도 괜찬다. 내려오면서 힘들었던 것은 보이지 않는 길을 만들며 내려와야 했다.

한참 내려오던 중 길이 막혀버렸다. 아니 달려 내려오느라 길을 잃은 것이다. 깃대봉을 내려와 막걸리 한 잔 할 때만 해도 우리가 정규팀 보다는 빨리 내려올 수 있으리라는 여유를 가졌었는데. 우리는 자칫 정규팀에게 폐를 끼칠 수도 있겠구나 하는 생각하며 길을 찾아야 했다. 그러나 쉽사리 우리가 찾는 길을 나타나지 않았다.

아 오목봉을 오르기 전 마운틴 대장의 말대로 정규팀과 합류했더라면 마운틴, 청해, 황자연 님에게 피해를 주지 않았을 걸. 그리고 깃대봉을 오르기 전 초원이 있던 곳으로 내려갔으면 어땠을까 하는 두 가지 아쉬운 부분을 안고 내려오는데 진력했다.

이제 어쩌랴! 우리는 사마의司馬懿의 젊은 장수 등애와 함께 길이 없으면 만들고, 나무가 가로 막으면 넘어뜨리고, 바위는 깨고 개울을 건너고 뛰고 또 뛰어야 했다. 길없는 50도 정도의 내리막은 다리힘을 빼기에 충분했고 미끌어지는 것조차 자연스러웠다. 게다가 제멋대로 솟은 뾰족한 바위들의 거만함은 우리를 주눅들게 했다.

앞이 희끄름 해 내려가 보면 계곡의 바위들이고 신기루를 몇 차례 겪고 그 긴 터널을 빠져 나오는 데 두 시간 이상은 걸렸던 것 같았다. 정규팀이 우리에게 앞 자리(선두라 해야 하나?)를 양보하여 미안한 마음은 상쇄될 수 있었으나 하나의 교훈은 얻을 수 있었다. 만용은 금물이고 모르는 길은 피하라.

우리 여섯은 그 어려운 과정을 겪으며 서로를 확인할 수 있었고, 늦게 산사우에 가입하였지만 이카루스님, 황자연님, 유다님 모두 힘든 산행에서 돈독한 산우애山友愛가 생겼을 거라는 생각이 들었다. 그리고 어려웠던 과정을 지난 후의 뿌듯함도 들었을 것이다.

방동리 막국수집애서의 뒤풀이는 산에서 못한 새로운 사람들과의 친숙함이 이루어지는 계기가 되었을 것이다. 단지 몇 분은 인사를 나누지 못했지만 다음의 만남이 조금 더 자연스러워질 것을 기약하면서 맑은 공기 속의 방동리를 떠나 아침의 오던길을 따라 되돌아 와야 했다.

봉미산

하늘엔 구름이 거의 없고 박무가 살짝 깔린 95%의 청명도를 나타내는 아침 8시이 서울의 날씨이다. 강남대로에서 바라보이는 도봉, 백운대, 인왕산으로 이어지는 능선들이 선명하게 들어오는 전형적인 가을의 선선함을 피부로 느끼며 올림픽대로에 진입하였다. 유유히 흐르는 한강을 끼고 동으로 향하는 차량행렬에 섞여 바라본 아차산 위를 살짝 덮은 잿빛 구름을 제외하면 하늘은 푸르름 그 자체였다.

가을행락이 시작된 것인가? 올림픽대로를 벗어나 접어든 경춘고속국도는 이미 정체가 시작되고 있었다. 그래도 맑은 하늘 아래 펼쳐지는 주변의 짙푸른 삼림과 파란 하늘이 조화를 이루어 더할나위 없이 상쾌했다. 서종 나들목을 지나며 정체는 누그러졌고 8시 역삼동에서 출발하여 설악 나들목을 빠져나와 구불구불 가평군 설악면 설곡리의 산행 입구에는 10시에 도착하였다.

임도를 1km는 차로 움직였으니 산행거리는 줄어든 셈이다. 오지인 인심이 좋을 것만 같은 설곡리는 휴양림을 해도 좋을 만큼 숲이 우거진 골짜기였다. 차에서 내리자 바로 쏟아지는 싱그러운 계곡물소리와 대비되는 듯한 힘을 잃은 매미 울음소리는 가을의 한 자락을 차지하고 있음을 일깨우고 있었다.

우리가 산행을 위해 서있는 곳은 파란 하늘만이 빼꼼이 보일 뿐 인간세상과는 담을 쌓은 것만 같은 천혜의 숲속이다. 봉미산을 3.2km 앞둔 한적한 곳에서 10시 10분경 산행이 시작되었고 일정한 넓이의 임도를 따르다 보니 중간중간 시멘트로 포장이 되어 있었다. 도로의 유실은 줄여주겠지만 청정지역의 자연환경에 위배된다는 느낌을 안겨줬다.

임도를 따라 올라갈수록 햇볕에 노출되는 시간이 많아졌다. 가을이라지만 햇볕은 뜨거웠고 산행을 하다보면 열이 발생하기 시작한다. 흐르는 땀을 훔치며 10시 45분경 봉미산을 2.1 km 앞둔 성현고개에 도착했다. 성현고개에서 산음리 휴양림 방향을 바라보며 왼쪽 소로를 통해 봉미산으로 향했다. 소로에 접어드는 능선을 오르니 동풍이 시원하게 반겨줬다.

20여m 크기의 갈참나무와 소나무가 혼재한 시원한 그늘의 편안한 능선길을 따라 4~5분 오르니 30도 정도의 경사로가 시작되었다. 경사로를 오르니 산행인을 위한 벤치가 설치되어 잠간이지만 달콤한 휴식을 취할 수 있었다. 다시 편안한 길을 출발하였으나 바로 심한 경사로가 시작되었다. 다행이 흙길이어서 산행에 큰 부담이 되지는 않았으나 경사로는 계속되었다.

힘잃은 늦매미 울음소리만 정적을 깰 뿐 고요하고 한적한 숲길은 계속되었다. 지금이야 가정의 난방이나 음식조리를 위한 화석연료나 여러 가지 연료를 사용하고, 농촌의 일손 부족으로 조상묘를 벌초한 풀을 버리지만 40여년에는 땔감으로 사용하였었다.

화석연료를 제대로 이용하지 못하던 시절 한낮의 뙤약볕과 관계없이 서늘한 바람이 간간이 불어주는 음력 7월에서 8월이면 겨울을 대비한 땔감을 마련하기 위해 소나무 가지치기나 억새풀과 잡목을 베어 저장에 들어간다. 이때쯤 풀잎도 영글며 가을이 시작되는 것이다. 말리기 좋을 만큼 억세진 풀잎을 말리면 최고의 화력을 보일 것이다. 또한 늦매미도 한두 마리씩 힘없이 날개짓하며 땅바닥에 떨어져 생을 마감한다.

힘들게 오르던 경사로에 잠간의 휴식을 즐기는 동안 다른 한 팀이 우리를 지나쳐 올라갔다. 오랜만에 만나는 등산객이다. 11시 40분경 벤치가 나왔으나 쉬지 않고 바로 암능을 지나 돌계단길을 따라 올라갔다. 3분정도 오르니 완만한 길에 이어 산허릿길이 이어졌다.

허릿길을 지나는 동안 봉(여기가 높산인지 식사후 지나친 봉이 높산인지 가늠할 수는 없었다.)을 하나 지나쳤고 완만한 길이 잠간 나왔으나 다시 암능이 나오며 휴식을 취하다 11시 55분경 중식으로 들어갔다.

12시 20분에 바로 30도의 암능길을 5분쯤 오르다 봉미산을 800m 앞둔 지점에서 완만해지며 암능길을 거치는 등 오르내리기를 거듭해야 했다. 잠간이지만 기분 좋을 만큼의 시원한 바람을 맞으며 다시 암능을 올라 12시 42분 해발 856m의 봉미산에 오를 수 있었다.

맑고 높은 하늘 아래 사방이 확트여 주변의 많은 봉우리들을 한 눈에 바라볼 수 있는 위치였다. 남쪽으로 용문산이 들어오고 용문산을 중심으로 능선을 따라 그 앞 방향 왼쪽으로 1,004봉이 뒷방향 오른쪽으로는 어비산이 멀리 들어왔다. 그러나 위치에 따른 지형에 대한 지식의 한계로 리딩대장으로부터 알았을 뿐 용문산 외에는 알 수가 없었다.

12시 50분경 봉미산 하산길은 3~40도정도 암능의 하향경사로로 시작되었다. 가끔은 완만하거나 약간의 오르내림을 하면서 보리산 방향으로 향했다. 아기자기한 맛이 없으면서 이름 모를 봉우리들도 넘으며 보리산으로 향하는 길은 지루하게 진행되었다. 때에 따라서는 경사가 심하기도 하고 아름다운 꽃도 반겨주지 않았으며 주변의 경관도 빼어난 곳이 없었다.

그러나 산행은 자신의 의지이니 묵묵히 앞길만 가면 되는 것이다. 그러니 지루할 수도 있다. 게다가 큰 나무가 자라는 곳은 그래도 나았으나 능선의 햇볕이 내리쪼이기도 하고 관목이라든가 제법 키큰 풀들이 걸치적대고 긁히니 여간 불편한 것이 아니었다. 세시쯤 되니 모두들 지친 기색이 역력했다.

결국 보리산을 몇 백미터 앞두고 옆길로 샜으나 그것도 만만한 길이 아니었다. 될거야 하는 생각만 가지고 내려가다 보니 없는 길을 만들어야 했고, 보리산을 거쳤으면 쉽고 빨랐을 것을 잔재주부리다 힘듦은 배가되었다. 곡절 끝에 임도를 만나 하산은 5시 30분경 널미재 휴게소에서 완료되었다.

산행을 하는 데는 가급적 모든 사람의 산행능력 수준과 몸상태를 알아야 하고, 알려진 길을 따라야 한다는 교훈을 얻은 산행이었다. 또한 산행이 길어질 것에 대비한 비상용식수와 음식도 필요할 것이다.

산행을 하며 다른 두 팀과 나홀로 산행하는 한 사람만 만났던 외진 곳의 산행이었다. 중간중간 완만한 길도 있었으나 대체로 오르내리막이 자주 있고 경사도도 심했으며 산행 안내판이 별로 없는 것도 산행의 어려움을 안겨준 요인이라 할까?

석모도 여행

여행은 항상 설레이는 마음으로 시작한다. 명절 전의 주말이라서인지 몇 군데 신호등에서만 주춤거리렀을 뿐 거침없이 강화도까지 잘 달려줬다. 초등학교 동창들과의 방문 후 일년 만에 다시 찾은 석모도지만 배턱에 이르니 또 새로 발을 딛는 기분이었다.

우리는 차를 배에 싣지 않았지만 승선을 하며 배에 실린 다른 사람들의 많은 차량을 보며 느끼는 묘한 감정.... 오개월 전의 사건이 스쳐갔다. 10여분을 배에 맡기고 다시 마을버스에 실려 전득이 고개 이름 모를 이의 묘 한 기 앞에서 내려졌다.

묘역墓域 잔디밭에서 튀는 메뚜기 한 마리에 어린 시절 추억을 스치며 우리 14명은 계단을 오르기 시작했다. 그러나 5분도 채 되지 않은 것 같은데 시원한 소나무 그늘 아래 들어서자 곧 자리를 펴고.......? 그렇게 오늘은 초장부터 여행 분위기에 휩쓸려갔다.

수진님의 부침개를 즉석에서 부쳐먹는 그 맛! 이음님의 엄마표 00김치! 여러 님들이 배낭에 정성껏 담아온 여러 과일이며 음료들! 오늘의 산행 목표지는 낙가산 정점으로 보문사길 하산인데 낙가산에서 1.7km 더 가는 상봉을 운운했으나? 고봉대장님의 "안 되요" . 한 마디에 그러자 오늘은 이 분위기에 같이 휩쓸려보자.

몇몇 산행꾼들이 이상한 듯, 부러운 듯? 흘깃 눈초리하며 우리를 지나쳐 갔지만 우리는 모두 맡은 임무에 충실할 뿐이었다. 이십여분 이상을 그렇게 열중한 후 다시 사부작거리며 비탈길을 오르기 시작했다.

높은 산도 아니건만 나무들은 높이 자라지 않아 능선을 따라 올라가는 중간중간 햇볕은 우리를 잡아두었다. 전형적인 초가을 날씨에 땀방울은 우리몸을 서서히 끈적거리게 했고 헐떡거림도 시작되며 얼마 전의 기분은 산행으로 바뀌어 갔다.

능선에서 보이는 바다는 머리를 개운하게 해 줬고 바다와 연결된 섬과 섬들, 구름 위에 얹혀져 있는 듯한 두 산봉우리, 농촌 마을들, 벼들이 익어가는 푸르노르스름한 들판은 우리를 평화롭게 해줬다. 가끔은 암능구간도 지나고 햇볕이 가려진 울창한 숲길도 지나다보면 어느새 나타난 바다가 보이는 조그만 바위 봉우리 위에 있는 우리를 발견하게 된다.

산행이 아닐 것만 같았던 산행은 즐거운 산행으로 바뀌어 갔고 조금 높은 봉우리에 오르면 더 멀리까지의 경치를 느낄 수 있었다. 강화본도의 모습은 육지 같은 느낌이고 발아래 해안을 따라 그리 넓지 않은 갯벌과 바다로 분리된 다른 섬들도 해안가 갯벌이 새로운 느낌으로 다가왔다.

이렇게 조망을 하는 사이 또 다른 즐거움이 우리를 맞아줄 차례이다. 적당한 그늘 아래 자리잡은 우리는 힘을 불끈 솟게 하는 음식을 제공한 주주님에게 고마움을 표하고 부찬님의 음식 솜씨에 매료되는 순간이다. 거기에 양념인 기분을 살짝 좋게 하는 보리와 매실음료를 곁들이는 본업에 들어가 도끼자루가 썩는 것을 깜박 잊어버리게 된다.

그 순간이 즐겁고 행복하면 되는 것이다. 많은 사람들은 순간의 쾌락을 위하여 많은 시간의 과정을 감내하며 살아간다. 그 후의 즐거움을 연상하면 그것이 고통이라 생각되지 않는다. 그러니 어떤 즐거운 자리가 마련되면 만끽해야 되지 않겠는가! 우리 모두는 마련된 그 즐거운 자리를 101%활용하는 데 최선을 다했다.

그러나 결코 그 자리가 우리의 즐거움을 위해 헛되이 보내는 시간은 아니다. 누구에게 폐를 끼치지 않으면서 심신을 단련하고 생산을 위한 휴식이기도 하며 또 다른 삶의 부분을 배우는 것이다.

시간은 그 자리를 항상 유지하도록 내버려 두지 않는다. 아쉽지만 우리는 우리가 해야 할 일을 위하여 몰입해야 한다. 우리가 앉아있던 그 자리를 깨끗이 해 놓는 것은 우리의 의무이며 의무를 마친 우리는 새로운 일정을 위하여 발걸음을 옮겨야 했다.

편안한 흙길이 있는가 하면 암능길도 지나고 넓직한 바위도 거치며 해명산을 거쳐 낙가산의 아찔한 분위기를 섭렵하고 보문사로 향했다. 6.2km의 산행거리이고 낮으막한 산이어서 쉽게 생각한 산행이었지만 결코 만만하지 않았다. 바다라든가 그 이어지는 섬들을 느끼는 조망도 좋았고 산행하는 데에 운동량도 결코 부족하지 않다는 것을 느낄 수 있었다.

다만 한참 더울 시간에 석양빛에 노출되어 더위가 우리 모두를 힘들게 했다. 그러면서 부족한 식수가 더 지치게 했을 것이다. 보문사에 도착해서야 그늘이 위안을 주었고 식수도 해결할 수 있었다. 4시 30분 버스에 짐짝처럼 맡겨진 채 선창으로 향했다.

백석역의 뒤풀이는 지친이들의 비타민이 되어 산행에서의 고단함을 상쇄시킬 수 있었다.

오늘 산행에 참석은 못했지만 석모도가 고향이라면서 찬조를 해주신 닉이 의자이신 님에게 산사우 모두가 고마워했다. 또한 개인적인 일로 산행은 같이 못하고 뒤풀이 자리를 빛내주신 아정님에게도 고마움을 표합니다.(대장님 말을 대신)

오늘 즐거운 자리를 만들어준 고봉 리딩대장님 그리고 메이님, 채련님, 주주님, 로렌님, 황수진님, 한성님, 이음님, 하루님, 해머님, 구름님, 부찬님, 시몬님 여러분들로 인해 즐거운 산행이 될 수 있었습니다.

즐거운 추석명절되시기를 빕니다.

강화의 운해와 섬들의 평화로운 모습

한북정맥 7구간

한북정맥 제7구간

큰넓고개→작은넓고개→죽엽산→비득재→노고산(고모리산성)→군부대→다름고개 (도상거리 10.5km 실제거리13.65km)

포천시 소흘읍을 지나 가산면 방향으로 향하는 동안 진하게 깔린 안개에 오늘산행이 고단할 것만 같은 느낌을 가지며 우리는 낮으막한 고개(큰넓고개 ; 가산면에서는 평탄에 가깝게 완만하지만 내촌면 방향으로는 15~20도 정도의 긴 경사로) 위에 떨어뜨려졌다.

우리를 내려준 버스가 지나가고 부찬님과 서있는 곳은 예전에 농가들이었을 조그만 시골마을이었다. 샌드위치 판넬 등으로 급조한 것 같은 공장들이 띄엄띄엄 들어서 있었다. 지난 6구간 하산했을 때와는 전혀 다른 곳으로 생각될 만큼 생소함을 느끼며 공장 옆 샛길을 따라 발걸음을 옮겼다.

안개가 걷히면서 햇살이 사정없이 때렸고 고구마와 토란이 심겨진 밭을 가로질러 둔덕을 넘어서니 두 개의 주유소가 마주보는 4차로가 나왔다.

차로를 무단으로 건너는 어리석음을 감행하고 산 초입에 들어서니 바로 잣나무 숲이 나왔다. 그곳에서 부찬님의 정성이 담긴 샌드위치 빵으로 아침요기를 해결하고 9시 20분에 산행이 시작되었다.

지난달 개인사정으로 같이 동참하지 못한 한북정맥 7구간을 적당히 시간이 나면 혼자라도 할 생각을 해왔는데 부찬님이 같이 하겠다 하여 날을 잡은 것이다. 맥을 이어가야 한다는 강박관념일까? 어딘지 찜찜한 구석이 있어 결행한 것이다.

평평한 잣나무 숲의 허릿길(임도)을 완만히 오르다 보니 두 갈래 길이 나왔다. 우리는 능선을 넘어 내리막길을 찾아 조그만 마을을 지나니 가산면 금현리와 내촌면 진목리 경계의 조그만 언덕이 나왔다. 15분 소요했는데 약간 헤매면서 1분 쯤은 허비했을 것이다.

다시 언덕길을 올라 완만한 길이 나오는데 토실토실한 밤(율栗)이란 녀석이 길을 가로막고 있었다. 이런 횡재가? 금이라도 만난 양 정신없이 주워 담으며 여기서 15분정도를 소요하고 말았다.

조금 지나니 가파른 오르막이 헐떡이게 했다. 10시 10분쯤에는 남쪽방향으로 벌목된 상태에서 햇볕을 고스란히 받는 불운을 겪기도 하며 다시 숲길을 따라 5~6분을 오르니 완만해지는데 또 다시 횡재가 앞을 막는 것이 아닌가!

재미를 본 다음 어느 정도 편안한 길을 지나 빡센 오르막길을 헐떡거리며 10여 분 정도 오른 후부터는 오르내리막이 번갈아 나왔지만 비교적 편안한 길이 유지되었다.

잠간 암능길을 넘으며 내리막을 지나니 억새풀 등이 섞인 관목길이 진행을 거추장스럽게 했다. 이때쯤 왼쪽은 조림造林한 흔적이 엿보이는 잣나무(간벌좀 했으면 얼마나 좋을까) 숲이고 오른쪽은 갈참나무 등 자연림이 뚜렷이 구분되는 모습이었다.

그런 길이 유지되며 11시가 약간 지나 오르막을 빡세게 올라오니 2~30명이 자리할 수 있는 잣나무 숲의 평평한 자리가 나왔다. 부찬님이 한 번 와봤던 곳이므로 산행 스케줄은 그려

졌을 테고 20분 이상을 시원한 그늘 아래 룰루랄라했다.

11시 24분 잣나무 숲의 편안한 길을 따라 20여분을 여유롭게 하고 나니 경사가 심한 구불구불 내리막길이 나타났다. 건너편 가야 할 방향 아래로는 농촌 마을이 보이며 어느 동네일까 가늠해보았지만 정확히 집히지가 않았다. 죽죽 뻗은 금강송이 좍 펼쳐진 좁은 내리막길을 따라 15분정도 내려오니 임도가 나왔다고 임도를 왼쪽으로 약간 비끼니 다시 구불길이 연결되었다.

소나무 숲 아래에는 부분적으로 억새풀이며 산딸기나무 등 관목이 귀찮게 했지만 잠간이었고 묘지 한 기를 지나며 약간 내리막의 편안한 길이 유지되었다. 지리를 잘 모르는 산행을 할 때는 능선을 타는 것이 가장 정확할 것이다.

부찬님이 지난 번 내려올 때 능선(능선이 아닌 것처럼 밋밋한 능선)을 탔으니 이번에는 왼쪽으로 삐쳐나가 아스팔트길을 걸어보자 하여 뙤약볕 아래 시멘트 포장길을 걸으려니 가을이라 하더라도 한낮의 태양열이 얼마나 매서운가?

마을로 2~3분 내려와 보니 눈에 익은 카페촌이 죽 늘어선 숲 속 마을인 소흘읍 직동리였다. 발을 헛디뎠으니 담궈놀 수는 없고 어쩌랴! 햇살을 고스란히 받으며 덥고, 짜증나고, 지루한 콘크리트길 위를 걸을 수밖에!

그런 길을 따라오르다 보니 차들이 대여섯 대 늘어서 있었다. 언제나 욕심은 화를 부르기에 좋은 구실을 한다. 누군가는 틀림없이 욕심을 냈거나 미숙한 운전을 하였으니 사고에 이를 수밖에. 이것도 하나의 교훈일까?

15분정도 아스팔트길을 걸어 정맥이 연결되는 완만한 언덕인 비득재에 다다른다. 잠시 숨을 고른 다음 가파르고 거친 길을 오르기 시작했다. 그늘은 10여분 만에 사라지고 덩굴 식물 등 관목을 헤치며 애고 덥다 궁시렁궁시렁 오르기 시작했다. 12시 48분이니 햇볕은 바로 머리 위를 살짝 비껴 얼굴로 바로 쏘아대니 그 상황을 상상해 볼 수 있을 것이다. 물론 얼마 후 갈참나무 숲이 나오긴 했으나 바람 한 점 없는 상태의 더위에서 산행이 시원하기를 바라는 것은 욕심이다.

오늘 산행 중 이 부분에서가 가장 힘든 구간이었을 것이다. 가파른 오르막인데다 불쑥불쑥 튀어나온 굵은 자갈길, 더위의 3중고에 괴롭힘을 당했으니 도토리 줍는 노인을 지나쳐 적당하지 않지만 경사지에서 자리를 잡고 쉴 겸 점심시간에 빠졌다. 주위를 생각할 틈도 없이 웃통을 홀라당 벗어 제치고 45분 정도 씹고 또 씹고 천천히 만끽하였다!

1시 38분에 출발하여 5분쯤 후 햇볕을 또 받으며 386m의 노고산에 오를 수 있었다. 많은 등산객들이 지났다는 흔적을 남기는 리본들이 펜스에 덕지덕지 붙어 눈쌀을 찌푸리게 했다. 그러나 우리는 우리 할 일에 충실해야 한다. 역시 사람은 묘한 동물이다. 곧 그늘이 나오고 시원한 바람까지 불어주니 흥얼흥얼대며 기분 좋은 산행이 이어졌다.

햇볕을 받으며 내려오다 2시 경 소홀읍 무림리에서 고모리(큰 저수지가 있는 마을) 방향으로 이어지는 2차로를 건넜다. 다시 오르막을 거쳐 천도교에서 관리한다는 묘지동산을 만나게 된다. 10분 정도 묘역墓域을 지나는 동안 땡볕을 100% 받으며 목마름이 강타하여 2시 40분경 내리막 그늘에 들어서 벌컥 벌컥 식수를 부어야 했다.

이때부터 군부대 철조망을 낀 길을 20분 정도 따라야 했다. 디행스럽게도 잿빛구름이 가려줘 3시경의 태양열을 약화시켜줬다. 철조망이 끝나며 어두컴컴한 숲길이 나오면서 더 이상 더위와 싸울 일은 없어졌다. 그늘을 따라 시멘트 포장의 농로를 가로질러 다시 숲길이 이어지고 3시 50분에 축석령에 도착하였다.

한 사람은 이미 엊그제 했던 산행을 다시 하고 또 어떤 아름다운 산세나 아기자기한 주변 환경도 아니니 어떻게 보면 재미없고 지루할 것만 같은 산행 코스였다. 하지만 우리는 자연을 만나고 숲을 지나고 서로 마음이 통하는 사람과 함께 하니 더 바랄게 무엇이겠는가?

그렇게 산행을 마친 두 사람은 의정부 찌개골목 정이 푸짐하게 담긴 곳에서 피로회복주 한 잔을 걸치며 추석명절로 들어가기로 했다.

추석의 밝은 달은 못 보았지만

가끔은 달밤에 체조한다는 말을 하곤 한다. 누군가가 쓸데없는 일을 할 때 이를 빗대어 하는 말이다. 1달여 전에 약속했던 마운틴 대장의 추석 달밤산행이 오늘 밤이다. 아정님도 동참한다는 반가운 뉴스와 함께 9시 30분에 집을 나왔다.

3공 때 정치권과 연이 있는 어느 재력가(금융업자)가 북한산 중턱에 요정을 차렸으나 다른 정권이 들어서며 이상하게 돌아 지금은 모 교회의 기도원으로 바뀐 곳에서 신발끈을 매었다. 대동문에서 자정에 만나기로 하고 10시 우이동의 소귀천을 따라 미친 짓?을 시작한 것이다.

어둡고 적막한 계곡에 청량한 계곡물 흐르는 소리와 가을 풀벌레울음 소리가 고독을 덜어줄 뿐 고요한 산길이다.

평상시에는 1시간이 조금 더 걸릴 거리인데 야간산행에서의 돌발적인 일에 대비하여 일찍 나온 것이다. 마운틴님 보다 일찍 도착할 것은 예상하고 있었으므로 차라리 일찍 가 잠간 눈을 붙일 요량으로 발걸음을 빨리 했다. 혼자 하다 보니 발걸음이 빨라져 11시 경 대동문에 도착할 수 있었다.

성루에 기대어 청한 잠은 오지 않고 달구경이나 하려고 하늘을 보니 맑았던 하늘은 전혀 달빛이 보이지 않았다. 분명 출발하기 전 둥근 보름달을 보았는데? 또 일기예보에서는 보름달을 볼 수 있을 거라 하였다. 부찬에게 전화를 했더니 고양시도 달이 구름에 숨었다 하며 농담을 해왔다.

마운틴님의 산행속도면 "약속 시간보다는 일찍 오겠지" 를 고대하며 기둥에 기대어 30분 쯤 있었으나 낌새는 전혀 보이지 않았다. 잠든 사이 뱀이라도 물리면? 멧돼지라도 나타나면? 이런 쓸데없는 걱정을 하고 있는데 흰 안개가 자욱이 바람결에 흐르고 있었다. 안개가 짙어지며 주변엔 음산한 기운이 맴돌고 부찬님 말대로 귀신이라도 나오나? 50분쯤 모든 걱정은 사라졌다. 두 개의 플래쉬 불빛이 움직인 것이다. 얼마나 반가운가.

맥주 한잔으로 대략 입가심하고 안갯길을 헤치며 지나다 보니 라이트 빛이 멀리까지 뚫지 못할 만큼 안개가 짙어졌고 안개비는 주변의 사물에 맺히고 있었다. 노적봉 부근의 거치른 암능길을 지나는 동안 나뭇잎에서는 물방울이 맺혀 떨어지고 난간을 이어주는 강사[鋼絲] 와이어에서는 녹냄새와 함께 녹물이 흘러 손바닥에 묻어나고 있었다.

1시 10분에 도착한 백운봉도 안개와 어둠이 흐를 뿐 달이 비칠 낌새는 보이지 않았다. 백운봉의 태극기는 거센 바람에 나부끼고 어느 도사 한 분은 보이지 않는 달을 향해 아멘을 혹은 괴성을 아니면 혼자만의 주문을 외어대고 있었다. 플래쉬를 터쳐가며 태극기를 찍으려 했는데 그것도 원만하지 않았다.

우리는 백운봉 바로 밑에 내려와 바람을 피하면서 커피 한 잔으로 몸을 녹이다 보니 부분적으로 안개를 걷어가고 있었다. 잠간 내민 달님을 잽싸게 포착하여 셔터를 눌러야 했다. 그러나 밝은 달을 사진으로 담기는 힘들 것으로 생각하여 눈물을 머금고 1시 40분경 발길을 돌려 내려와야 했다.

위문에서 혼자 플래쉬에 의존한 채 터더터덕 거치른 길을 내려오는데 세 사람의 젊은이들이 산을 올라오고 있었다. 그들을 비껴내려 백운산장을 지나 한 참 내려오는데 어느 사이엔가 주변이 환해지는 느낌이 들었다. 뒤를 돌아보니 짙던 안개는 벗어지고 하늘이 파랗지 않은가? 이때가 2시 17분이다.

오던 길을 되돌아 엉뚱한 길도 밟으며 냅다 돌아 뛰어 올라갔다. 그런데 길을 잘못들어 위문으로 간 게 아니라 바윗길을 따르다 보니 백운봉의 3분의 1쯤 되는 곳이었다. 그러나 달은 밝았지만 산 주변에 살짝 깔린 안개는 다시 실망케 했다.

십수년 전에도 친구들과 백운봉을 오른 적이 있었다. 추석날 새벽 세 시, 정말 하늘에는 구름 한 점 없고 시야에 들어오는 온 세상이 깨끗했었다. 검은색에 가까운 녹색 삼림 아래의 골에는 하얀 뭉게구름이 두둥실 흐르고 골 아래까지 나무들의 모습을 느낄 만큼 청명도는 99.9%였었다.

그 환상적인 모습은 십수년이 지난 지금도 생생하게 흐르고 있다. 그 때의 상황을 고대하며 30여분을 기다렸으나 그 상황은 연출되지 않았다. 또다시 다음을 기약해야 했다.

다음을 기다릴 수 있다는 것은 얼마나 행복한 일인가? 역시 북한산을 끼고 사는 우리는 행운아들이다. 명산인 북한산 뿐만 아니라 도봉산, 수락, 불암, 남산에 이어 관악 등이 우리의 삶에 얼마나 큰 활력이 되는가? 게다가 유유히 흐르는 서울의 젖줄인 한강을 낀 우리의 행운.

비록 오늘 밤 원하는 바를 충족하지는 못했지만 둥근 달을 보았고, 반가운 사람들과 어려운 자리를 함께 할 수 있었다는 것 만으로도 오늘 추석명절의 보름달 산행은 만족할 수 있었다. 2014 9. 8

10년전의 회상을 그리는 보름달과 서울 야경

마이산과 돌아올때의 석양

농촌들녁의 마이산

산사우 40명을 태운 버스는 경부고속도로를 통해 대전 통영간, 그 뒤 장수 전주간 고속도로를 지나는 동안 세 시간 정도 걸려 진안 톨게이트를 빠져나왔다. 누가 뭐래도 가을이다. 아직 황금들녁은 아니지만 약간씩 누릇누릇한 색깔을 보이기 시작하는 농촌들판의 전경이 정겹게 들어왔다.

차창 오른쪽으로 특이한 모양의 암봉 두 개가 보이며 누군가 "마이산이다!" 라며 감탄했다. 잠시 후 봉 앞의 산에 가려 지나치며 들판길을 시원하게 달리던 버스는 조그만 농촌마을을 지나 마령면 강정리 산행 들머리에 멈춰 우리를 내려줬다.

까마득이 높기만 한 파란하늘과 들녘에 펼쳐지는 전경, 야산 아래 잔디밭에 있는 우리들에게 가을이라지만 아직 나무그늘을 더 필요로 했다.

유다님이 개별 출발하여 합류하기로 했기 때문에 20여분을 기다려 10시 20분에 산행이 시작되었다. 전형적인 가을날씨에 전형적인 오솔길을 따라 몇몇씩 무리를 이루어 산행은 시작되었지만 얼마 지나지 않아 차이가 벌어지기 시작했다.

허릿길을 거치던가, 암능길도 거치며 바위에 피어 가을임 1시간 정도 했을까? 오른쪽으로 들녘과 그 뒤로 겹겹의 낮으막한 산등성이들이 평화롭게 조망되었다. 산을 오르며 낮아진 소나무는 햇볕을 충분히 가리지 못했고 땀방울을 훔쳐내야 했다.

암능길을 한참동안 오르며 뒤를 둘러보니 서쪽으로는 전주장수 간 고속도로의 여유로운 차량 흐름이 들어오고 올망종망

한 마을들이 골골에 형성되어 있는 정취를 느낄 수 있었다. 12시를 609m의 광대봉에 올랐다. 사방을 둘러보니 고만고만한 봉우리들이 우리를 중심으로 감싸는 모양을 하고 있었다.

암봉으로 이루어진 광대봉의 남쪽으로는 나무가 자라지 않아 햇볕을 그대로 받아 한낮의 더위는 그늘을 그립게 했다. 10여분 쉬고 출발하려니 그제야 바람이 시원하게 불어줬다. 봉을 내려가는 길은 심한 경사로였다. 깨끗했던 하늘자락 저편 산봉우리 위에 하얀 가을 뭉게구름이 평화롭게 흐르고 있었다.

마이봉이 가깝게 바라다 보이고 그 앞 낮은 암봉과 그 왼쪽으로 너댓 개의 고만고만한 암봉이 나란이 보이는 모습이 새로운 아름다움으로 들어왔다. 고금당에서 점심을 하기로 했었으나 마이봉이 바라보이는 적당한 그늘에서 자리를 폈다.

1시간여를 그늘 아래 보내는 사이 어느덧 1시 45분이 지나며 아쉽지만 자리를 털어야 했다. 내리막길을 따르다 보니 뭉게구름이 두둥실 흐르고 있었다. 자갈길과 폐타이어를 얽어 만든 계단 경사로와 암능을 거치며 둘러보니 동남쪽 하늘 아래 산등성이의 삼림조차 코발트 색으로 물들일 듯한 느낌이 들 정도로 하늘은 푸르렀다.

잠간 계단길을 내려 산허리를 돌아 오랜만에 평평하면서 흙길이 유지되고 있었다. 12~3분 후 계단길을 올라 소나무 숲을 따르다 보니 암봉이 잠간 나오고 낮은 소나무는 또 한낮의 태양을 받을 수밖에 없도록 했다. 봉을 지나며 숲 사이로 들어오는 저 멀리의 풍경은 산행의 고달픔을 덜어주기에 충분했다.

3시경 빡센 경사로를 거쳐 바윗길을 지나는 동안 세시경의 햇살은 오른쪽 얼굴에 따갑게 때리고 긴 철계단을 만나게 된다. 계단이 끝나며 해발 527m의 나봉암 전망대에 다달았다. 팔각정 그늘의 시원한 가을바람은 피곤함을 날려버렸고 후미팀을 보낸 나머지 산우들과 합류하여 10여분을 보낸 뒤 3시 30분이 조금 지나 내리막길을 따랐다.

오르내리고 계단을 거치며 3시 46분 숲길을 지나는데 왼쪽을 바라보니 숲 사이로 웅장한 마이봉이 앞에 나타났다. 참나무 숲의 시원한 바람을 맞으며 오르다 4시경 우리는 해발 540m의 봉두봉에 도착했고, 다시 왼쪽으로 방향을 틀어 4~5분 내려가다 보니 정면으로 마이봉이 나타났다. 즉 마이봉을 중심으로 산행길이 반원 형태로 이루어진 것이다.

하늘은 어느새 구름으로 온통 뒤덮였고 바람 한 점 없는 날씨는 땀방울을 훔치게 했다. 다시 오른쪽 방향으로 길을 돌려 30도 정도의 심한 경사로를 100여m 내려가다 보니 시계는 4시를 넘기고 있었다. 잠간 앞서가던 산우님들이 마이봉을 배경이 죅인다며 한껏 자세를 취하고 있어 거기에 우리도 일조했다.

지금까지의 산행에서 죽 지나온 바위 뿐만 아니라 마이봉도 들머리에서 보았던 시멘트, 모래, 자갈 등을 혼합하여 뿌려 놓은 것 같은 모양이었다. 마이봉 중간중간 매달려 있는 나무들의 생명력을 느낄 수 있도록 해었다.

얼마 후 우리는 암마이봉과 숫마이봉 사이 골 아래의 탑사에 이르렀다. 이갑룡 처사라는 분이 쌓았다는 몇 기의 돌탑 외에는 신기하다던가 특이할 만한 점은 느끼지 못했다. 이 탑을 쌓은 이갑룡 처사는 오래전에 읽은 모 소설 속에 등장하였던 상황을 잠간 떠오르게 했다.

4시 반이 조금 지나 우리는 뒤풀이장소를 가기 위해 오르막 나무계단을 따라 올라 은수사라는 곳에 이르렀다. 은수사에서 다시 긴 계단을 오르고 암마이봉과 숫마이봉 사이를 거쳐 내려가 버스에 올랐다. 뒤풀이장소 바로 위 저수지를 지날 즈음 해는 산마루를 넘어가고 있었다.

그저 평범한 야산 정도로 생각했던 마이산에 대한선입견을 충분히 해소해 준 값진 산행이었다. 물론 힘들어 하는 산우도 있었지만 적당한 산행시간, 적당한 높낮이 주변의 조망과 정겨운 농촌 마을의 모습들이 괜찮았다는 느낌을 갖기에 충분했다.

뒤풀이가 끝나고 고속도로를 지나는 동안 서쪽하늘의 검붉은 노을이 산행 후의 감상에 젖어보기도 했다. 아쉬움을 굳이 나타내자면 뒤풀이서의 남아도는 음식물들이다. 식당과의 예약시 음식을 우선 적게 주문하여 부족하면 재주문하고 만족하면 예약한 값을 치루면 오늘과 같이 많은 음식쓰레기들이 나오지 않았을 것이다.

우리가 어렸던 시절 웬만한 산골짜기의 물은 음용수로 사용했었습니다. 6.25 한국전쟁을 겪으신 어느 분인가가 예전에 한강물도 음용할 만큼 깨끗했었다는 얘기를 들은 적이 있습니다.

이제 우리에게 닥친 오염이라던가, 에너지, 물의 남용은 심각한 수준인 것 같습니다. 나 혼자 해결될 문제가 아니야 라기보다는 태산에 붙어있는 티끌일 수도 있지만 나 하나만이라도 라는 생각이 중요할 것 같습니다. 산행중에 생기는 쓰레기문제도 언젠가는 고민해 보고 싶습니다.

월악산의 자연과의 조화

오
서
산
보령시
해발790.7 m

초가을의 오서산

백석에서 7시에 출발한 우리는 외곽도로를 잘 빠져나와 서해안 도로에 무난히 접어들었다. 목감 부근에서 약간 밀리는 듯 했고 안산에서 화성 휴게소 부근까지도 약간 밀렸으나 이후 서산 휴게소까지 쉬임없이 잘 달려줬다. 여유로운 생각에 휴게소에서 30여분을 보내고 광천에서 고속도로를 벗어나 오서산 아래 성현 주차장에 9시 20분 경 도착했다.

숲에서 쏟아져 나오는 신선한 공기, 맑고 따사로운 햇살, 높고 푸른 하늘, 1%정도?의 박무薄霧가 덮인 기분 좋은 날씨였다. 오서산 봉우리를 정점으로 이어져 내려오는 능선이 우리를 감싸는 듯이 푸근하게 들어왔다. 십여 차례는 오른 경험이 있는 오서산이지만 보령 쪽에서의 등반은 처음이다.

20도 정도의 경사를 따라 만들어진 시골 마을이 평화로워 보였다. 해발 200여 m부터 시작했을 것이다. 이런 높은 곳에서 벼가 누렇게 익어가는 모습에 얼마나 많은 노력 끝에 만들어졌을까? 물론 삶의 방편이겠지만 지금 우리는 조상들의 이러한 노력의 결과물을 바탕으로 2~5차 산업으로 우리가 하고 싶은 일을 하며 누리고 있는 것이다.

9시 40분경에 시작된 산행은 시멘트 포장의 마을길을 벗어나며 그늘로 이루어진 자갈 섞인 임도로 접어든다. 20분쯤 후 시멘트 포장의 삼거리가 나오며 오른쪽으로 방향을 잡았다. 임도는 다시 흙길로 이어지면서 5분쯤 후인 10시 8분에 둥근 심목으로 만들어진 계단 길로 접어든다.

이때부터는 좁고 심한 경사로이다. 15분정도 올랐을 즈음 어느 귀하신 분이었는지 서향의 잘 다듬어진 묘역墓域에 자리를 잡아 휴식 겸 갈증을 해결하느라 15분을 소모해야 했다. 경사로는 계속 이어졌고 가끔은 암능도 거치면서 10시 52분에 해발 591m의 시루봉에 오를 수 있었다. 약간은 엷어진 나뭇잎 사이로 햇살이 살짝 비취는 시루봉엔 누가 만들었는지 1m 높이의 돌탑이 하나 있었다.

나무들의 키가 약간은 낮아지고 북쪽의 오서산을 향하는 능선길은 약간의 내리막길을 잠간 거쳐 암능과 흙길이 적당히 조화를 이루며 편안하게 오를 수 있었다. 시원한 남풍이 등을 받쳐주며 땀방울을 식혀줬고 20도 정도의 경사로를 따르다보니 오른쪽이나 등 뒤로 설익은 들녘이 시원하게 들어오는 전경을 볼 수 있었다.

나뭇잎 사이로 간간이 햇살이 비치며 남풍은 더위가 파고들 틈을 막아줬다. 점점 나무들의 키가 낮아지거나 잔디도 깔리는 등 수풀밭이 되면서 햇볕에 우리의 몸을 맡겨야 했다.

11시 20분 경 조그만 암봉이 나오며 북쪽을 제외한 여러 방향으로 조망이 되었다. 멀리 산 아래 들과 이어지는 바다와 박무 깔린 상태의 안면도도 희뿌옇게 조망되었다. 산과 바다 위엔 회색과 흰 띠를 이룬 구름이 거의 일정한 높이로 층을 이루고 있어 새로운 느낌이었다.

햇볕을 등 뒤로 받으며 고산 진달래인가 철쭉이 키가 크진 않았지만 그늘도 간간이 만들어줘 직사광선을 피할 수 있었다. 오서산은 철이 되면 능선을 따라 남서향으로 억새밭이 넓게 펼쳐져 은빛 물결을 이루기도 한다.

오서산은 봉우리가 두 개 있는데 북서쪽의 봉우리는 홍성의 오서산이고 동남방향의 봉우리는 보령에서 보령의 오서산이라 부른다. 11시 39분 해발 790.7m의 보령시에서 명명한 오서산에 오를 수 있었다. 산을 잠간 내려와 능선 오른쪽 진달래나무 숲에 자리를 잡고 1시간여를 점심식사 시간으로 할애하며 12시 53분에 자리에서 일어났다.

해발 780~790m 정도의 능선이지만 한낮의 가을 햇살은 산행을 하는 우리에게 땀방울이 맺힐 수밖에 없도록 해줬다. 뜨거운 햇살을 받으며 1시 20분경 이번엔 홍성군에서 주장하는 해발 791m의 오서산에 오를 수 있었다. 산 북쪽은 홍성군 광천읍이고 오른쪽 동북방향은 홍성군 장곡면 남, 서쪽으로는 청양군 화성면이 접하며 왼쪽으로 보령시 청라면을 아우른 홍성에서 말하는 오서산이다.

오서산 표지석은 이로써 두 개가 있는 것이다. 이는 지역의 이기 보다는 국가적인 문제 혹은 충청남도에서 중재하는 게 어떨까? 다시 3~4분 후 전에 팔각정이 있었던 오서정에 이를 수 있었다. 그러나 오서정은 아쉽게도 3년 전인가 큰 태풍에 날아가고 지금은 그 자리에 방부목으로 넓게 만들어 사방을 조망할 수 있도록 되어 있다.

오서정에서 광천읍 시가지와 들녘, 청양방향의 들녘의 평화로운 모습을 조망하고 보령시의 들녘과 해무海霧가 깔린 희미한 천수만과 안면도 일대를 조망할 수 있었다. 오서정에서 암능을 따라 50여m를 더 내려가 광천읍을 확인한 후 되돌아 1시

40분경 성현 주차장을 향하는 3구간 길로 접어들었다.

하산길은 그늘지고 오솔길도 아닌 수풀을 헤치며 잠간 내려와야 했다. 계단이 있었지만 허릿길을 거치며 편안한 길이 유지되었다. 용못방향으로 습기가 심해 질퍽거릴 정도로 불편한 곳도 있었으나 그늘이 시원하게 도와줬다. 2시가 조금 넘어 그늘 아래 5분정도 쉬고 내려가는 길은 암능이 나오며 경사는 심해졌고 2시 17분경 마른 계곡을 지나게 된다.

이제 전나무들이 주변을 맴돌며 편안한 흙길을 3~4분 내려오니 임도가 나온다. 산허리를 가로지르는 임도는 평탄한 흙길이었고 수종은 죽죽 뻗은 소나무들이 그늘을 만들어줬다. 35분경 등반 시작했을 때의 삼거리가 나와 이제 오늘의 산행은 거의 끝난 셈이다.

조금 더 내려오니 따가운 햇살은 조금 전의 그늘을 그립게 했다. 8km 정도의 짧은 거리였지만 산행이 아쉽다던가 아주 편안하지만도 않은 산행을 2시 47분 성현 주차장에 도착하여 마칠 수 있었다.

누렇게 익어가는 들녘의 평화로운 정경을 스쳐가며 다다른 천북면 학성리의 아담한 농가에 도착하여 고대하던 어민이 직접 잡은 자연산 대하^大蝦를 푸짐하게 탐할 수 있었다.

충청남도 권역은 높은 산들이 별로 없다. 800m 정도의 계룡산에 이어 오서산이 791m이니 나머지 4~500m라 할까? 우리는 그래도 들녘에 솟은 800여m의 오서산을 오르며 바다를 조망하는 행운을 누릴 수 있었다.

한북정맥 제8구간

다름고개→축석고개→백석이고개→로열CC→덕고개→막은고개→성황당고개→큰데미→샘내고개→불곡산→백석읍 (도상거리13.25km 실제서리17.22km)

한북정맥 8구간을 시작하기 위해서는 축석령 버스정류장에서 횡단보도를 건너야 했다. 횡단보도에서 의정부방향으로 30m쯤 내려가 도로를 최소로 낮추기 위해 산을 깎아 주욱 쌓은 석축[石築]에서 계단을 올라 산행들머리에 접어들었다. 이 때가 8시 37분이다.

처음 한북정맥을 시작할 때 24명이던 산우들이 오늘은 12명으로 시작되었다. 같이 시작했던 분들이 절반이 빠진 것이다. 우리는 계단을 올라 밤나무 숲에 약간 넓직한 터에서 리딩대장의 산행개요를 듣고 이어지는 길은 편안했다. 산행 들머리에서 10여m 정도 올랐을까? 길은 약간의 오르내림은 있었지만 거의 평탄하게 이어져갔다.

10분쯤 이어진 산행이 30여m의 경사로를 오르니 서쪽으로 향하던 길이 북쪽과 갈라지는 삼거리가 나오며 우리는 서쪽방향의 내리막길을 따른다. 산봉우리를 하나 넘은 셈이다. 그러나 곧 평평해지며 오 분 후쯤 다시 몇 사람이 쉴만한 조그만 공터의 산봉우리를 넘는다.

9시 4분경 두 방향(탑고개와 진행방향 반대쪽의 어하고개 방향)으로 표시된 이정표가 나오는 삼거리가 나왔으나 방향표시가 없는 길로 접어들었다. 시작부터 이어진 오솔길은 이따금 누르스름하게 단풍이 들기 시작하는 갈참나무가 수놓고 있었지만 가죽이 거칠고 모양도 별로인 소나무 숲으로 이루어져 있었다.

가뭄이 지속되어 소나무 뿌리들이 드러난 메마른 길을 따라 가파른 암능을 올라 평평한 공간이 나왔다. 여기서 5분정도 숨을 돌리고 허릿길을 오르니 또 길이 두 갈래로 갈라졌다. 우리는 오른쪽인 윗방향으로 길을 잡고 로프난간이 설치된 오르막 암능길을 따랐다.

의정부역을 들어서며 자욱이 끼던 안개는 태양이 떠올라도 없어지지 않아 시정은 좋지 않았고 능선을 따르는 동안 바람이 시원하게 불어줬다. 왼쪽으로는 의정부 시가지와 낮으막한 능선이 들어 왔으나 수락과 도봉은 보이지 않았고 오른쪽은 양주시의 누르스름한 들녘과 아파트들이 눈에 들어왔다.

거의 250m 정도 안팍의 산봉우리들을 오르내리다 보니 봉우리와 골 사이의 높낮이는 기껏해야 40~50m나 될까? 9시 34분경 군사시설 같은 철조망이 우리가 지나는 길을 따라 이어지고 있었다. 5분 정도 철조망을 끼고 지나는 길 역시 편안했고 아직 서울에서 의정부 구간이 개통되지 않은 죽 곧은 364번 도로와 연결되는 신설 도로가 눈에 들어왔다.

여기서 10분 정도 휴식하고 9시 51분 철조망을 넘어 정맥로를 이탈(실제는 정맥로일 것이다. 골프장 건설로 인해 폐쇄됨. 아니면 거리를 줄이기 위한 수단)하여 없는 길을 거칠게 만들며 3~40도의 경사로를 내려가 골프장으로 진입하였다. 남들은 골프하느라 이동용 차를 타고 우리는 산행하며 멋진 잔디밭을

한북정맥 8구간

불곡산
임꺽정봉
해발449.5M

지나가는 쾌감을 가졌다.

7구간까지는 도로로 인해 정맥로가 끊어진 상태에서 이어지곤 했지만 이번 구간은 "한북정맥이 의미가 있을까?" 할 정도로 만신창이가 되었다고 생각한다. 어쩌면 도시가 만들어지기 전에도 산을 깎아 내었거나 농토로 인해 억지로 맥을 만들었을 것만 같은 느낌이 들 정도로 평평한 지역이었다. 논밭도 지나고 산이라고는 하지만 농토와는 고저차가 10m도 되지 않았을 것이다.

몇 가구 안 되는 농가를 지나고 4차로를 건너니 한 농가 옆에 굉장히 넓은 잔디밭과 여러 종류의 꽃을 밀집하여 재배하는 공원이 있었다. 아마 수 만 제곱미터는 될 것 같은 넓은 공원이 신도시를 만들며 조성된 것 같았다.

10시 32분에 신도시에 진입하여 광사동, 고읍동 주내면 등 도심을 벗어나는 데 거의 40분을 소요하였다. 11시 10분에 시골마을 같은 주내면 끄트머리에 접어들었다. 정맥길을 찾기 위해 고덕로를 따라 15분 정도 지나는데 산 초입에서 모두 배고파!!!!!. 다시 도시방향으로 300m정도 되돌아와 한 음식점에서 해결하고 12시 25분 오후 산행이 시작되었다.

도로를 따르다 산에 접어들면서 묘터를 지나고 몇 호 안 되는 마을을 거쳐 12시 52분 군사시설의 철조망을 지나게 된다. 철조망을 낀 길을 지나면서 이후 잠간의 길은 기억이 가물거린다. 1시 14분경 낮지만 봉 위의 운동시설이 있는 곳에서 잠시 숨을 돌리고 오른쪽으로 비껴간다.

약간의 내리막길을 따르며 파묘[破墓] 되었거나 관리되지 않은 썰렁한 묘를 지나 왼쪽으로 돌아 도로를 건너 한승아파트에 이른다. 우리는 아파트 뒤의 잡풀이 무성한 길을 택했다. 쟁기로 갈아(땅이 숨쉬도록 땅을 뒤집어놓는 상태) 놓았으나 묵고 있는 밭에는 잡풀들만 멋대로 자란데다 움푹움푹 패인 곳이 많아 발을 헛디디기 일쑤였다.

아파트 끝의 담길을 따라가다 철길을 넘으니 1시 50분경 멀리 불곡산이 손짓을 하고 있었다.

우리는 철길을 따라 북쪽으로 향하며 꽤 큰 폐쇄된 공장터를 지난다. 국도 건너편에는 기아모터스란 간판이 보이고 애초의 8구간 날머리로 계획하였던 3번국도(?)와 접한 샘내고개에 이른 것이다.

샘내고개에서 건축자재백화점이란 간판이 있는 곳을 끼고 옆으로 오르기 시작했다. 북쪽방향을 따라 얼마 지나지 않아 이조참판을 지냈다는 이의 묘를 지나는데 묘의 덩치는 컸지만 관리는 제대로 안 된 모습이었다. 잠간 왼쪽으로 벌목상태인지 햇볕에 노출되었고 오르막 편안한 길을 따라 바로 그늘로 들어갈 수 있었다.

2시 12분 제멋대로 자란 상태의 소나무 숲 삼거리에서 옥천약수터 방향으로 돌아 10분 쯤 지나다 잠간 쉬는 사이 시원한 바람이 불어주었다. 길가 소나무에 몸을 기대고 앉아 있으니 살며시 찾아든 낮잠에게 15분정도의 달콤함을 맛보여 줄 수 있었다. 그 개운함이란?....

오늘은 관리되지 않은 덩치만 큰 묘를 자주 본다. 2시 43분 출발하여 관목 숲을 따르는데 역시 떼가 없는 묘를 지난다. 삼거리가 나오며 청엽골 고개방향으로 향했다. 오랜만에 만나는 황톳길이다. 삼거릿길에서 서쪽의 도락산방향으로 향했다.

어느 시점에서 남쪽으로 향하고 있었고 임도수준의 넓은 길을 따르는데 또 운동시설을 거쳐 조금 내려와 비포장도로와 만난다. 바로 앞은 군부대 훈련시설 같았다. 도로를 따라 왼쪽 마을길로 가던 길을 뒤로 돌아 오른 쪽으로 50여m 정도 비껴 출입이 제한된 것 같은 오르막길을 오르기 시작했다. 아마 도로에서 오른쪽으로 더 갔으면 불곡산을 오르는 임도를 따라 올라올 수 있었을 것 같은 임도를 만난다.

우리는 가파른 오르막 임도에서 10여분 쉬고 심목으로 흙을 받쳐주는 임도를 조금 지나 소로와 만나게 된다. 소로 왼쪽으로는 샘내골, 오른쪽은 불곡산이라 표시된 팻말을 만난다. 얼마 후 철조망이 가로막아 비껴 올라야 했다. 중간 암봉에서 돌아보니 진행방향 4시 방향으로 산 중턱에 제법 큼직한 저수지가 보였다.

우리는 불곡산을 향하여 로프난간이 설치된 암능길을 오르게 된다. 허릿길을 지나고 암봉을 지나며 오른쪽(서쪽)으로 백석읍의 시가지와 들녘이 안개 속을 뚫고 들어왔다. 암능길을 따라 4시 25분 오른쪽으로는 백석읍의 대교아파트, 진행방향은 임꺽정 봉이라는 팻말이 나온다. 4분 후 449m의 임꺽정봉에 오를 수 있었고 임꺽봉에서 백석읍으로 이어지는 산자락으로는 가을이 깊어가고 있었다.

고봉대장님은 한북정맥 정도[漢北正脈 正道]로 간다고 임꺽정봉 아래에서 머물다 결국 마운틴대장을 따라 봉을 오를 수밖에 없었다. 오늘의 가장 절경인 악어바위 등 기암들이 즐비한 서남 방향의 암능길을 따라 하산해야 했기 때문이다. 5시 37분 백석읍 공장지대와 농촌마을이 혼재한 오산삼거리에서 산행을 마쳤다.

8시 37분에 시작한 산행이 오후 5시 37분에 끝났으니 정확히 9시간의 산행이었다. 점심시간 포함 휴식시간 2시간 정도 제하면 7시간 정도의 산행이었다. 20km의 거리이니 시간당 3km는 달린 셈이다. 그러나 12분 중 힘들어 하는 사람은 보이지 않았다.

불곡산 부분만 200~300m의 높이를 죽 올라왔다 죽 내려가는 모양새를 제외하면 거의 50m정도의 높낮이를 오르내리는 구간으로서 그만큼 편안한 산행길이었다. 오전의 도심을 통과하는 1시간여의 산행이 지루했지만 크게 힘든 부분은 없었다. 다만 불곡산 정상의 봉우리를 넘지 않고 산행을 마친 것이 아쉬웠다. 우리는 의정부 찌개골목으로 들어가 또 다른 분위기에 취할 수 있었다.

마운틴대장님, 한성님, 호박돌님, 공허님, 부찬님, 이음님, 진솔한님, 고봉님, 낭낭님, 은빛쉬리님, 메이님 모두 같이 해서 즐거웠습니다.

공룡능선 가는 길

(신선대)

10년 전의 환상을 찾아

추석이 한 달 지난 음력 9월 보름날 초저녁에 동해랑 뒷동신에 올라 3년 만에 한다는 월식모습을 보며 오늘의 보름달은 굉장히 좋을 것만 같은 예감이었다. 지난 달 추석날 달밤 산행이 성에 차지 않아 1달 전부터 생각해오던 야간산행이다.

밤 산행을 위하여 뒷동산에서 내려와 바로 수면에 들어가 잠에서 깨니 10시 43분이다. 아주 적당한 시간에 깬 것이다. 대략 준비하고 우이동 버스정류장에서 우이동 둘레길을 따라 백운대 제2탐방안내소 입구에 이르니 11시 59분이었다.

하루가 지나는 0시에 탐방소에서 가파른 나무계단을 오르고 나면 길은 편안해지며 철저하게 고요한 숲길을 따르게 된다. 문명을 벗어나며 10시 방향의, 머리 위 숲 사이로 보름달과 귀뚜라미 울음소리와 오른쪽으로 계곡을 흐르는 물소리와 자연만이 함께 할 뿐이다.

가끔은 돌길과 암능길을 지나는데 달님은 계속 10시 방향 머리 위에서 길잡이를 해주고 있었다. 달빛으로는 부족한 밝기를 헤드랜턴에 맞긴 채 한참 오르다 보니 2시 방향으로 맨살의 옅은 흰 바위들이 숲 위에 드러내 놓고 있었다.

오래전 이 시간 친구와 술에 빠져 시간가는 줄 모르고 밤새워 정담을 나누던 시절이 있었는데,.... 아련한 추억 속의 일을 떠올리며 암능을 오르다 보니 어느덧 도선사에서 비치는 등불빛이 옆에서 들어오고 있었다.

달은 8시 방향인 듯 하더니 진행방향에 따라 9방향의 고사

목枯死木 사이로 깨끗하고 크게 옮겨져 있었다.

0시 27분 도선사길과 합류하는 지점에 들어서는데 돈희로부터 산행 조심하라는 전화가 왔다. 낮에 나의 달밤산행을 알고 있던 돈희는 친구처럼 마음이 통하는 15년지기인 동생이다. 0시에 출발하여 1.5km를 27분만에 왔으니 빠른 걸음이다.

이제부터 400여m 구간은 가파른 돌계단이거나 바위구간이다. 자정을 넘긴 시간이라 하더라도 흐르는 땀을 피할 수는 없었다. 흐르는 땀방울과 함께 헉헉거리며 영봉과 백운대의 갈림길인 하루재에 도착하니 0시 41분이다.

나무숲이 빤해진 하루재에서 보름달은 9시방향의 중천에 걸려 있었다. 하루재에서 백운대까지는 1.4km다. 여기서부터는 100여m는 내려가는 길이고 그 뒤로는 거친 오르막 길이 시작된다. 달이 숲에 가려져 어두운 데다 거의 바위구간이다. 이제부터는 지팡이를 쓰기로 했다. 산행을 하며 지팡이를 쓰는 것은 처음이다.

아들이 나이가 들어가는 것을 아신 것일까? 지난 여름 어머님 뵈러갔을 때 쓰라며 주신 지팡이다. 요즘 산행하는 사람들에게 그런 지팡이를 쓰라 하면 집어던질 물건이다. 뭉툭하면서도 배낭에 접어 넣을 수도 없을 길이였다. 편리함을 추구하는 이들에게는 여러 면에서 성에 안차겠지.

2주일 전인가 산행에서 진돗개 성견만큼 자란 야생화野生化된 개를 본 일이 있던 터라 혹시나 하는 마음으로 집어넣고 보니 밤 산행에 제법 쓸만했다. 어두운 곳의 시야 확보가 어려운 상태에서 지팡이의 필요성을 깨달은 계기도 되었다.

0시 46분 2시 방향으로 불빛이 어른거리며 사람들이 웅성거리는 느낌이 들어왔다. 그러고 보니 인수야영장에 다다른 자신을 깨달았다. 달은 12시 방향으로 들어왔고 얼마 후 하얀 인수봉의 봄통이 모두 드리나 보였다.

1시 6분 계곡물 흐르는 소리가 나며 무지하게 큰 하얀 바위에 설치된 나무구조물의 130여 계단을 오르는데 11시 방향으로 환한 보름달이 비춰지고 있었다. 계단이 끝나고 얼마 후 강사[鋼絲]로 된 와이어난간의 암능길을 따르게 된다. 돌계단을 올라서니 1시 18분에 어두컴컴한 백운산장이 반겨주었다.

산장을 지나면서는 두 갈래 길이 있다. 지난 추석날 달밤 산행에서 짙은 안개로 그냥 내려온 일이 있다. 안개가 걷히며 되돌아 올라가던 때 윗길로 들었다 혼난 경험이 있던 터라 바로 왼쪽 길을 찾아들었다. 윗길로 들어서면 인수봉 아래와 숨은벽을 거쳐 고양시의 밤골로 연결되는 길이다.

다시 강사와이어 난간이 도와주고 보름달은 머리 위에서 유혹하고 있었다. 조금 높은 곳에 올라 뒤를 돌아보니 우이동에서 이어지는 상계동과 도봉동 방향의 도심야경이 화려하게 들어오고 있었다. 그러나 수유동쪽은 한 멋진 봉우리에 의해 막혀있었다.

1시 29분 위문에 도착하니 달빛 아래의 은평구 일부와 고양시의 아름다운 야경이 산줄기 사이로 들어왔다. 백운봉 쪽에서는 사람들이 웅성거리는 듯한 반가운 소리가 들려오고 있었다.

위문에서 성벽을 따라 나무구조물에 폐타이어조각을 덧씌운 계단을 지나던가 철계단을 따라 백운봉에 오르니 1시 45분이었다. 오래 전에는 많은 위험구간들이었는데 이제는 안전한 시설을 설치하여 편안하게 오를 수 있었다. 둥근 보름달 아래 온전히 드러낸 맨살의 하얀 바위 위에서 정경을 나눌 사람이 없어 아쉬웠다. 딱 한 사람이 있었는데 그는 아름다움을 같이 나눌 수 있는 형편은 아니었다.

그는 위문에 있을 때 백운봉 쪽에서 들려온 웅성거림의 주인공이었고 뭔가 주문을 외는 한 여인이었다. 내가 알아들을 수 있는 말은 몇 마디에 불과했다. 할렐루야, 기도하옵나이다, 하나님,...등등. 나머지는 그녀 혼자만의 주문 같았다. 머리부터 발끝까지 반투명 비닐로 감싼 채 무슨 뜻 모를 말을 열심히 중얼거리고 있었다. 사실 도시에서는 별로일 수 있지만 고요한 밤의 그 소리는 굉장한 소음이었다.

사람은 누구나 자의에 의해 행동한다. 그러나 그 행동이 주변 사람들에게 피해를 줘서는 안 된다. 그의 행동에 개의치 않고 나의 취미에 열중하려 했지만 소음이 거슬려 남서방향의 고양시 일원과 김포, 그 사이를 흐르는 한강변을 따라 이어지는 도로의 가로등 등을 느끼고 내려와야 했다.

백운봉을 내려오며 여러 산봉우리에 파묻힌 장흥이라던가, 송추쪽을 볼 수 있고, 한 단(층) 내려온 넓은 바위 위에서 또 아름다운 야경을 맛볼 수 있다. 가깝게는 우이동에서 상계동, 도봉동, 의정부, 수락산 너머의 남양주시, 중랑구와 용마산 너머의 구리시, 송파와 강동 일원의 야경이 화려하게 들어온다.

도시의 휘황한 불빛과 보름달빛을 흡수한 옅은 안개는 형용하기 어려운 아름다운 색깔을 띈다. 또한 도시의 불빛을 흡수하여 산마루를 따라 이어지는 능선 위의 붉으스름한 노을 현상도 아름다운 경치이다.

2시 30분 돈희와 안전하다는 한 통화를 나누고 오르던 바위 위의 계단길을 내려왔다. 2시 45분 위문을 지나 우평방향의 야경을 감상하며 따듯한 밤 커피향을 즐길 수 있었고 3시 조금 안 되서 위문을 벗어났다.

바로 한 달 전 추석달밤 산행만 해도 거침없이 내려온 것 같았는데 굉장히 조심스럽게 내려오는 자신을 발견했다. 지팡이로 먼저 바닥을 짚어보고 한 발을 내딛는 것이다. 달빛과 랜턴이 있다고는 하지만 사실 내려오는 길이 더 어렵다.

내려오면서 등 뒤의 백운봉 어깨 위에서 유혹하던 보름달이 백운 산장 쯤에서는 숲에 가려지기도 한다. 3시 18분 보름달은 인수봉 위의 7시 방향에서 비치며 북한산 산악경찰구조대를 지났다.

올라갈 때의 시계바늘 방향과는 반대로 생각하면 된다. 거치른 바윗길을 지나 하루재에 도착하니 3시 30분이었고 5시 방향의 보름달은 인수봉과는 많이 떨어진 훨씬 위에 떠 있었다.

하루재 돌길을 내려와 도선사길과 갈라져 4시경의 보름달이 등 뒤에서 잡아끌고 있었지만 더 이상 같이 할 수는 없었다. 조금 내려오는데 번뜩이는 두 개의 눈 빛, 조그만한 고양이가 잔뜩 웅크리고 나를 주시하고 있어 머릿털이 쭈뼛해지는 자신을 느낄 수 있었다.

4시 10분쯤 진달래 능선의 도시불빛에 의한 노을 현상도 달밤산행의 또 다른 느낌이다. 4시 17분 백운대 2지킴터를 내려와 도시와 접하며 보름달의 유혹을 떨쳐낼 수 있었다. 북한산 공원 안내소 옆의 소귀천 계곡 옆 둘레길을 따라 정류장에 도착하니 4시 35분이었다.

10몇 년 전의 그 환상적인 모습은 오늘도 되찾을 수 없었지만 추석 달밤 산행 보다는 훨씬 좋은 야경을 느낄 수 있었다. 다만 주문 외는 이의 소음은 아쉬운 부분이다.

충청남도 보령의 봉화산

왜 산에 가는가 하고 묻는다면 산이 좋아 산에 오른다고 말한다. 그것은 산이 내 마음 속에 나와 항상 같이 하기 때문이다. 산에는 우리가 밟을 길이 있고 같이 할 나무가 있고, 모두를 아우르는 숲이 있다. 그리고 그 숲에서 우러나와 우리 가슴을 시원하게 해주는 맑은 공기가 있다. 또 우리의 생명을 위해 꼭 필요한 시원한 옥류도 우리를 반겨준다.

반면에 산행을 힘들게 하는 거친 돌이 있고, 가파른 언덕이 숨을 가쁘게 하기도 한다. 바윗길이 가로막기도 하고 잡목들이 가로막아 헤치며 오를 경우도 있다.

이들의 모습을 자연이라고 한다. 자연과 함께 인생도 이런 역정을 거치며 이루어진다. 자연은 순수하다. 순수는 거짓이 없고 꾸밈도 없다. 그래서 호연지기를 키우기도 한다. 순수한 것은 또 아름답기도 하다. 우리는 삶에서 이 아름다움을 추구하고, 아름다움이 승화하여 예술을 낳는다. 사람들은 예술의 위대함에 도취하거나 매료되기도 한다.

오늘도 같이 산행을 하는 이들과 우리의 아름다운 만남을 위하여 서로가 하루를 서로에게 맡기고 자연을 찾아 여정에 올랐다.

충남 보령시 천북면 소재의 천수만이 내려다 보이는 봉화산을 찾기 위해 하루를 할애한 것이다. 산 높이도 그렇고 허접해 보이지만 정상에서의 경관은 또 다른 모습이다. 사방이 트여 너른 조망권과 뻥 뚫리게 하는 시원한 바다를 바라보노라면

머리까지 시원해진다.

산행을 위해 새벽잠을 설치며 6시 20분에 집을 나섰다. 만나기로 한 시각이 8시이므로 조금 일찍 나가줌으로써 여러 사람이 편하기 때문에 10분정도는 미리 도착할 계획이었다.

8시에 출발하여 서해고속도로를 따르다 보니 산과 들에 쌓여 있는 흰 눈이 기분을 들뜨게 하였다. 봉화산 자락 천북면 장은리에 도착하니 10시 20분경이었다. 48년 전에 산행의 의미도 모르는 채 막연히 올랐던 아름다웠던 추억만 떠올리며 계획한 산행이어서 산에 대한 개요도 없이 대략 해발 250여m라는 생각만 한 채 출발한 것이다.

봉화산의 남쪽 자락에는 고모님 댁이 터를 잡고 있었다. 아름다운 기억 속의 산행은 사촌누님의 결혼날이었던 1966년 가을이었을 것이다. 사촌누님의 집에서 1년 선배누님들과 오른 48년전 봉화산의 추억은 지금도 아련하다. 산아래 농·어촌마을에서 이어지는 서해의 푸른 바다와 안면도의 정경들이 소년의 눈에는 시비롭게만 비춰졌었다. 그리고 사춘기에 예쁜 누님들의 신비로움까지 겹쳐졌으니 그 추억이 오래 기억될 수밖에 없다.

오늘 다시 되살려 보려 하는데 같이 하는 이들에게 어떻게 감흥을 줄지 걱정이 앞서기도 한다. 물론 산행 보다는 신선한 해산물을 맛보려는 식도락 여행이 목적으로 하는 것이 조금은 위안이기도 하지만 그래도 주선하는 나로서는 꿩과 알을 같이 취하고 싶은 욕심으로 계획한 것이다.

바다의 정경도 훔쳐보며 농촌 마을을 지나는 동안 차 안으로 파고드는 축산분뇨의 고약한 냄새가 잠시 곤욕스러웠지만 금방 지나쳤다. 겉보기에 평화로운 농어촌 마을길을 따라 한 농부에게 산행 들머리를 물었으나 한참을 돌아가야 된다 하여 귀찮은 생각에 봉화산만 바라보며 무작정 오르기로 했다.

눈이 쌓인 상태여서 산행 들머리를 찾는 데 조금 헤매기는 했지만 대수는 아니었다. 파란 하늘에 푸근한 날씨의 겨울 햇살은 덧옷을 걸칠 필요가 없는 최적의 기상조건이었고, 하얗게 펼쳐지는 은빛 세상에 모두는 순수한 감정이었을 것이다.

우리는 길이 아닌 상태에서 길을 만들며 능선을 향해 발걸음을 옮겼다. 발목까지 푹푹 빠지는 눈산을 토끼몰이라도 하였는지 발자취가 있어 따랐으나 잠시 후 흔적이 사라져 버렸다. 소나무 밑에 멋대로 자라 산행을 가로막는 가시덤풀 등 관목 숲을 헤치며 자취가 없는 눈쌓인 산행을 하는 것이 쉬운 것만은 아니었다.

힘들게 헤치며 올라가는 과정은 여간 불편한 게 아니었다. 그러나 누구 하나 힘들어하거나 불편한 기미를 보이는 사람은 없었다. 짧은 거리였지만 가까스로 오른 끝에 봉우리 하나를 오르니 100여m 앞에 정자와 운동시설이 있는 것으로 보아 봉화산이라는 것을 알 수 있었다. 주변에는 박무가 깔린 상태여서 시정은 썩 좋지 않았고 48년 전의 그 상상은 추억속에만 담아놓아야 했다.

그때는 맑은 날씨에 거의 벌거숭이 산이어서 사방이 두루 펼쳐져 보였으나 생각지 않게 많이 자란 나무들이 시야를 가리고 게다가 엷은 안개까지 겹쳐 어린 시절 올랐던 기억 속의 아름다운 정경은 아니었다.

그렇지만 우리는 다른 속셈으로 만족해 했다. 근처에서는 그래도 최고봉이었으니 사방을 두루 내려다 볼 수 있는 자리였다. 이 계절에 이런 곳을 누가 쉽게 올라와 즐길 수 있으랴! 우리는 팔각정 정자에 쌓여 있어 눈을 치우고 우리 7명이 쉴 수 있는 충분한 공간을 확보하였다.

산행은 결국 심신의 수양과 함께 사람과의 관계를 원만하게 유지하는 데도 한 이유로 할 수 있을 것이다. 우리는 가지고 온 음식들을 나누며 마음을 활짝 열고 2시간 여를 파묻힐 수 있었다.

그렇게 우리만의 세상을 만끽하고 내려오는 길은 쉽게 찾을 수 있었다. 제대로 난 길은 벌써 여러 사람이 발자국을 남겨 미끄러울 지경까지 이르렀다. 30도 정도의 경사로도 있긴 했지만 비교적 완만한 눈 덮인 오솔길을 따라 내려왔다. 그러나 또 다시 산길을 벗어나 길 없는 산을 가로지르는 어리석음을 범하고 말았다.

오늘의 별미여행을 위해 좀더 빠른 길을 찾는다는 생각에 새로운 길을 뚫으려 한 것이다. 잘 모르는 산행에서는 항상 정해진 길을 따라야 한다. 조금 빨리 하려다 낭패를 보는 경우가 허다하다. 우리는 그저 눈과 너와 나로 바뀌어 가시덤불을 헤치며 눈 속에 빠지는 발을 아랑곳하지 않고 내려오고 있었다. 다행이 아침에 오르던 들머리를 쉽게 찾았다.

이것도 추억의 한 토막이 될 수 있을까? 장난기 있는 경이 녀석이 갑자기 커다란 소나무를 걷어차니 나무에 얹혀있던 눈

더미가 우리들 머리 위에 쏟아져 내렸다.

시간은 40여년 전으로 회기했다. 선숙이와 기직이가 시작한 눈싸움은 전염병이 번지듯이 모두에게 옮겨붙었다. 경자 기집애가 눈을 뭉쳐 경이에게 한 방 먹이고 통쾌해 하자 그 풀이는 내게로 돌아왔다. 나도 뒤질세라 선숙이와 영순이에게 한 방씩 먹여버려야 했다. 경이의 눈덩이를 피하느라 "아쿠" 저만치 나뒹굴어 새옷이 엉망이 되어버렸다. 흑흑 엄마한테 또 혼나겠다.

눈싸움은 단단하게 뭉친 눈을 가장 만만하게 보이는 상대의 얼굴에 명중시키는 순간 승자의 재미를 만끽할 수 있는 것이다. 그랬다. 우리는 단단하게 뭉친 눈으로 상대에게 데미지를 입히곤 했었다. 그렇게 동심의 세계로 돌아가 얼굴에 묻어있는 주름도 생각하지 않고 즐거운 전쟁놀이에 열중하였다.

적도 아군도 없이 사정권에 들어오면 모두 적이 되어버렸다. 여기저기서 날아드는 포탄세례에 정신없이 교전이 오고 갔다. 10여분의 결전을 치뤘으나 역시 가장 힘센 경이에게는 당할 재간이 없었다. 정조준 해 쏘아대는 녀석의 포는 한 치의 오차도 없이 적의 몸둥아리에 꽂혀버렸다.

수현이는 어른스럽게 얄미운 구경꾼이 된 방관자였고 싸움은 역시 경이의 판정승이었다. 나는 싸움에는 항상 패자였다. 속이 상할대로 상했지만 어쩌랴 약한 놈은 항상 당하고 사는 게 세상 이치인 것을....

전쟁놀이를 마친 우리는 발걸음을 옮겨야 했다. 그리고는 바다가 보이는 곳에서 제철인 서해안의 신선한 삶은 굴요리와 굴회의 향긋함에 빠질 수 있었다. 그러나 늪에 빠져 있을 수만은 없는 일. 내일을 위하여 아쉬움을 뒤로 하여야 했다.

바닷가에서 바닷가를 걷지는 못했지만 살짝 살짝 지나치거나 산 정상에서 조망한 추억을 만든 것으로 만족해야 했다.

예봉산

경춘고속국도 화도 나들목을 빠져나와 월문리를 따라 월문교 밑을 지나니 산중딕에 생각지도 않은 마을들이 형성되어 있었다. 그러나 언덕을 오르니 높은 지대임에도 논·밭들과 함께 내치골이라는 마을이 있었다. 시우리로 들어가기 직전 우회전하여 내치골에서 9시 30분부터 산행이 시작되었다.

영역을 침범한 것으로 위협을 느낀 견공들이 사방에서 짖어대며 사라져주기를 바라고 있었다. 큰소리 치는 사람이 허세이듯이 겁많은 개가 짖어대는 것이다. 양지바른 마을 뒷산 싸리나무 등 관목 숲을 따라 10여분 지나니 갈참나무와 소나무 등 제법 숲이 형성되면서 발목정도 빠지는 눈길이 되었다.

오른쪽 멀리에 천마산도 언제 저에게도 와주라고 손짓을 하고 있었다. 2~30도의 오르막 경사로는 그리 힘들지 않게 오를 수 있었고 9시 52분 능선에 이르렀다.

능선을 따라 동남방향으로 오르는데 진행방향으로 운길산이 우뚝 솟아 있었다. 10시경에 봉을 하나 넘어 다시 눈길 오르막 능선을 따르다 보니 갑산이 0.72km 가까이 있음을 알리고 있었다. 또 하나의 낮으막한 봉을 넘고 눈길은 두텁게 2~30cm는 쌓였고 때 아닌 동풍이 등의 땀방울을 식혀 주었다.

가파르게 봉을 넘고 10시 20분 갑산 같은 봉을 넘어 바위의 골을 지나 10시 25분 546m의 갑산에 오를 수 있었다. 갑산에서 갈림길을 지나 심한 내리막길을 10여분 따른 후 심한 경사로에 얼음이 군데군데 있는 위험구간이 잠시 나왔으나 다시 눈길이 되며 편안하게 내려갈 수 있었다.

조그만 골 사거리인 공터에서 잠시 쉴 수 있었다. 바로 적갑산에 오르는 가파른 지름길이 있었으나 피하여 큰사랑길이라 표시된 눈 덮인 하얀 임도를 따랐다. 11시경 약수터와 운동시설을 지나며 경사가 10도 정도로 약간씩 높아지고 1km 정도 지나 11시 15분경 넓은 공터에 이를 수 있었다. 아침을 거른 탓에 여기서 점심시간에 들어갔다. 40분경 산행은 다시 시작되고 운길산역으로 바로 가는 내리막 길이 있었으나 우리는 예봉산으로 향했다. 두 갈래 길 중 가파른 계단길을 피하여 허릿길로 향했다.

10여분 후 다시 능선길과 만날 수 있었고 5~10도의 완만한 오르막 경사로를 따라 전송철탑을 지나 이어지는 소나무 숲길은 편안했다. 봉을 넘어 잠간 내리막길이 나오며 따스한 햇살에 눈이 녹아내리고 있었다. 봉우리를 몇 개 넘으니 구리시, 하남시, 남양주시, 한강이 연무를 뚫고 흐릿하게 조망되었다.

스테인리스 봉에 밧줄이 연결되는 200여m의 제법 심한 경사로를 오르는데 바는 너덜거리고 중간중간 끈겨져 있었다. 오를수록 구리 남양주 하남 한강 등 옅은 운무 사이로 서울의 동쪽 부분까지 넓게 조망되었다. 능선길을 따라 12시 15분 560m의 적갑산에 오를 수 있었다.

깨끗한 날씨였다면 하는 아쉬움 속에 우리는 예봉산을 향해 발걸음을 옮겨갔다. 예봉산은 태양의 방향과 함께 12시 방향의 남쪽에서 우리를 기다리고 있었다. 동쪽으로는 운길산 너머로 이어지는 산등성이와 용문산 등이 들어오고 봉을 넘으며 눈과 얼음이 녹아내리고 있었다.

다시 능선은 완만한 눈길이다. 눈 녹는 봉을 넘어 오르막 눈길은 계속된다. 심한 경사로를 앞두고 5분정도휴식 후 40분에 출발했다. 50여m의 경사로를 빡세게 올라 서쪽의 도시를 느끼며 동쪽으로 용문산, 유명산, 화야산 등이 죽 이어져 운무 위로 희미하게 들어왔다. 조금전 힘들게 오르던 사람들은 한강 등 아름다운 모습을 조망할 수 있는 언덕에서 패러그라이딩을 준비하고 있었다.

언덕 아래의 도시들과 한강을 조망하고 오르막길을 200m 오르다 봉을 좌측으로 우회하여 허릿길을 따랐다. 허릿길을 지난 산마루는 양지였고 넓은 터의 양지에는 많은 사람이 삼삼오오 식사 삼매경에 빠져 있었다.

다시 4~500m를 올라와 해발 683m의 예봉산에 오를 수 있었고 사방을 조망할 수 있었다. 반경 2~30km정도의 거리에는 같은 거리, 같은 높이에서 아름다운 운해가 우리를 중심으로 원을 그려 놓고 있었다. 마치 그 운해 위에는 봉우리와 능선들이 떠있는 듯 은은하게 모습을 보이고 있었다.

우리는 산 바로 아래 텃밭이에서 순두부와 막걸리 한 잔으로 산행의 시름을 녹일 수 있었다. 부분적으로 눈이 녹아 질척거리는 큰 자갈들이 섞인 심한 경사로 500여m 내려오는 데 15분정도 소요되었다.

율리봉을 향해 오르려다 봉으로 직행하는 길을 피하여 우회하는 길을 따랐다. 역시 위험구간도 있는 눈길이었고 우횟길을 따라 봉을 지나 50분경 남향받이의 양지바른 곳에서는 많은 사람들이 즐거움에 취해 있었다.

어느 사이 운길산은 북쪽으로 우리 가까이 옮겨와 있었다. 미끄러운 길을 지나 살짝 봉을 넘으니 양수리 쪽의 북한강과 한강의 모습이 조망되며 심한 내리막길에 이어 잠시 완만해진다. 두물머리는 봉에 가려져 있고 다시 5~600m의 경사로를 내려오자 왼쪽 발치 아래 마을이 보이기는 했으나 우리와는 고도 차이가 심한 것으로 봐 한참을 내려가야 될 것 같았다.

동쪽을 향하여 완만한 길 등 여러 개의 봉을 넘었으나 잡힐 듯한 하산길은 나타나지 않고 2시 30분경 벤치가 우리를 반갑게 맞았다. 저 봉우리만 넘으면 하산길이 우리를 맞아주겠지 생각하면 또 다른 봉이 우리를 시험하고 있었다. 그야말로 산 넘어 산 첩첩산중이었다. 산행을 하며 항상 겪는 일이지만 우리는 힘들어서라기 보다는 지루해지기 시작했다.

다시 다급한 내리막 경삿길을 50여m 내려와 완만한 길을 따르다 50m 빡세게 차니 벤치가 우리를 반겨주며 드디어 북한강이 발아래 들어오고 있었다. 이때가 2시50분이다. 동쪽으로는 봉이 가로막고 있었으나 우리는 북쪽을 하산길로 잡고 한참을 내려오니 햇님이 산너머 숨어버리며 설산이 되어버렸다.

어느 8기의 묘가 있는 묘역에 이르니 골 사이로 마을이 들어오고 이때부터는 편안한 임도수준이었다. 3시 10분경에야 햇님이 빼곰이 얼굴을 내밀었고 중앙선 전철길이 내비치며 5분 후 운길산역에 하산할 수 있었다. 도끼날을 갈아 바늘을 만드는 심정으로 지루함을 달래야 했고 간간이 풍광도 조망하며 아기자기한 부분도 있는 것 같았다.

2월의 주전골에서 등선대까지

설국으로의 여행

설국으로의 여행과 남설악의 풍광을 감상하기 위한 오늘 여행에도 나 한 사람을 위해 수락산역까지 배차를 한 여러분에게 우선 고마운 마음을 보냅니다.

폭설과 한파가 있으리라는 기상예보와는 달리 인제 쪽의 날씨는 맑고 잔잔했다. 차창에 얼어붙은 성에만이 바깥의 차가운 날씨를 짐작케 했는데, 여러 사람이 승차하여 서린 성에 때문에 차창 밖의 풍광은 감상할 수 없었다.

차 한 잔을 하기 위해 들른 휴게소에서 만난 한계령의 칼바람은 매서웠다. 한계령 휴게소에는 약간의 눈이 쌓여 있었는데 주변에 쌓인 눈으로 짐작컨대 많은 눈이 내린 것 같지는 않았다. 따끈한 커피 한 잔으로 진정시킨 후 우리는 차에 몸을 싣고 오색을 향해 한계령길을 따라 내려왔다.

제설 작업이 된 도로는 바람에 날린 눈이 살짝 깔려 운전에 주의를 요하고 있었다. 게다가 주전교를 건너기 바로 직전 눈이 녹다 얼어붙은 도로는 빙판으로 변해 있었다. 그래도 많은 사람들이 찾는 관광지인데 관광지로서의 대비가 허술한 것 같아 아쉬움이 남았다.

주전교를 지나면서부터 오색교에 연결되는 점봉산 자락의 구간도 빙판이기는 마찬가지였다. 주변의 상인들이나 설악산국립공원에서도 관리에 미흡했다고 할 만큼 빙판길이었다. 씁쓸함을 한편에 묻어 두고 산행을 시작하면서 바로 아이젠을 착용했다.

그래도 오색교를 건너 남설악 자락은 햇볕 덕분에 점봉산 자락보다는 상태가 좋았다. 흔들거리는 약수출렁교를 건너며 부찬님의 장난기가 살짝 발동하였다. 다시 햇볕은 산자락에 가려지고 고래바위교를 지나 성국사에 이르기까지는 간간이 햇볕에 노출되었다.

성국사를 지나며 점봉산 쪽에서 이어지는 주전(鑄錢)골쪽을 바라보노라면 촛대바위 등 갖가지 형상의 기암들이 산을 찾는 이들의 눈을 사로잡기에 충분했다. 눈 위에 얹혀진 설악은 말 그대로 설악(雪岳)이었고, 소나무들은 한겨울의 푸르름을 자랑하고 있었다.

남설악 자락 주전골의 가교를 따라 오르면서부터는 발목을 덮을 만큼 눈이 쌓여 있었다. 차가운 날씨 탓에 물기 없는 눈이 발걸음을 옮길 때마다 뽀드득 소리를 연발하였다.

출렁대는 금강문교를 건너면서부터는 바위 위로 능선에 비치는 햇살이 반가웠고 눈 덮인 금강문도 우리와 같이 햇살을 애타게 그리는 것 같았다. 용소출렁교를 건너 오른쪽으로 들어서 눈덮인 가교를 조금 지나니 옥색의 용소폭포가 특유의 힘을 과시하고 있었다. 소(沼) 위로는 아름드리의 고드름이 길게 늘어서 소에 맞닿아 있는 모습이 역시 설악의 추위를 실감케 했다.

용소를 되돌아 나와 다시 가교를 따라 오르다 주전폭포교를 건너 다시 응달받로 접어든다. 응달길을 따라 조금 오르면 계곡 건너 바위에 짓눌려 물기 하나 없는 주전폭포를 만날 수 있다. 그 모습이 왠지 나이 들어가는 우리 인간의 모습을 보는 것만 같아 서글퍼지는 마음을 숨길 수 없었다. 우리는 부지런히 산행을 하고 체력을 단련해서 시원한 폭포수를 떨어뜨릴지언정 방울방울이나 떨어뜨리는 모습을 보여서는 안 될 것이다.

시루떡을 찌기 위해 시루에 앉혀 놓은 하얀 쌀가루 같은 흰 눈을 밟으며 가교를 따라 묵묵히 설국 여행을 한다. 오래 전 가물거리는 기억 속에서의 어느 영화였던가? 신영균과 남정임이 주연한 산중 설국에서의 한 장면이 오버랩되었다.

12폭포교를 건너 얼음 아래로 흐르는 12폭포는 그래도 힘의 상징 같았다. 콸콸콸,,,, 역시 힘에는 동장군도 당해 낼 재간이 없는 모양이다. 오늘은 처음으로 들어보는 힘차게 흐르는 계곡 물소리다.

12폭포교를 지난 얼마 후 오른쪽 비탈로 연결되는 계단은 겁부터 주고 있었다. 가파른 계단길을 헉헉거리며 깔닥고개에 올라서 12폭포전망대에 오르니 이제 힘든 구간도 끝났으리라는 생각에 마음이 놓였다. 지난 5월에 등반했을 때는 생기어린 연둣빛이 펼쳐진 전망대에서 한참 쉬었던 기억이 있다.

그러나 오늘은 전망대에서 쉴 사이도 없이 바로 눈 쌓인 경사로를 내려가야 했다. 여지까지는 우리가 걷는 주변에나 쌓여 있던 눈이 이제는 제대로 하얀 세상으로 변해 있었다. 눈길을 따라 잠깐 지나니 완만해지며 약간의 오르막길을 따르는데 곧고 미끈한 아름드리 소나무가 길을 가로질러 있어 쓰러져 있어 소나무를 배경으로 추억을 한 토막씩 박아내었다.

이제 곧 등선폭포가 나타나리라는 기대로 바삐 걸었으나, 웬걸 아직은 한참을 가야 한다는 리딩대장의 말에 힘이 빠진다.

아침을 간략식으로 한 데다 시간이 많이 흘렀으니 몇 사람이 허기로부터의 탈출을 갈망하고 있는 눈치였다.

그러나 18명이 자리를 잡기엔 마땅한 자리가 없어 고난의 행군은 계속되었다. 본의 아니게 자리를 찾기 위해 첨병 역할을 한다는 심정으로 리딩대장을 앞서게 되어 미안했다. 그러나 역시 등선폭포교 아래만한 자리는 없는 것 같았다.

무명폭포교, 촛대바위교, 신갈교를 지나서야 지난 5월 정기 산행에 자리했던 등선폭포교 아래에 이르렀다. 동장군은 등선폭포도 더 이상 역할을 못하게 했다. 그러나 우리에게는 우리가 있고 낭만의 하얀 눈이 쌓인 천상의 은세계에 있으니 폭포의 아름다움을 충분히 대신할 수 있었다.

그렇게 등선폭포교 아래에서 황홀한 자리를 만들 수 있었다. 기압과 기온이 낮아 우리가 원하는 음식을 익히는 게 더뎌졌으나 기다림도 하나의 미덕이던가? 그 끝의 상황은 분위기에 취해 둘이 먹다 한 명이 사라진다 해도 생각을 못할 지경이었다.

그렇게 얼마의 시간이 흐르고 이제 깔딱 하나만 넘으면 등선대다. 우리는 만족스러운 자리를 더 이상 연연해하고만 있을 수 없어 등선대를 향해 힘차게 발길을 옮겼다. 이 정도면 이른 시간에 귀경도 할 수 있으리라는 생각에 우리 몇은 또 유유자적하며 후미에서 뒤를 따랐다.

한참 오르는데 뒤에서 두세 명이 어기적거리는 게 아닌가. 동료 중 한 사람이 너무 오래 한 곳에 불편한 자세로 앉아 있었더니 허벅다리에 쥐가 나 쉬다 걷다를 30분 이상 소요한 것 같았다. 시간은 흐르고 겨울이니 자칫 위험 상황이 초래될 수도 있는 일이다.

그러나 우리가 누군가? 산사우의 동료애는 모든 걸 초월할 수 있었다. 우리는 어려운 역경을 헤치고 무사히 설산을 탈출할 수 있었다. 비록 등선대에 올라 만물상이나 서북능선에서 대청으로 이어지는 형용하기 어려운 절경과 갖가지 기암들을 구경할 수는 없었지만 인간애라는 더욱 소중한 가치를 실행하고 경험한 것이다.

어렵게 또 하나의 깔딱을 넘고 심한 경사로를 내려가니 남자들의 로망이라는 여심폭포에 이를 수 있었다. 그러나 여심폭포는 더 이상 여심이 아니었다. 얼어붙은 그녀의 몸뚱아리는 성징을 동토에 맞기고 해동을 애타게 기다리고 있었다.

여심폭포를 지난 후의 내리막길은 아름다운 풍광을 감상하기엔 마음이 다급한 상태였다. 우리로 인해 다른 동료들을 오래 기다리게 할 수만은 없는 일. 또한 설산인데다 흘림골은 사방이 산으로 둘러싸여 어둠이 깔리기 직전 아니면 여명을 갓 벗어난 이른 아침의 분위기를 자아냈다.

마침 흘림골을 반 정도 내려왔을 즈음에 구조대원 두 분이 도착하여 한시름 놓을 수 있었는데 그 고마운 마음을 미욱한 글에라도 표시하고 싶다. 역시 사람은 누군가와 함께하는 것이 운명이 아닐까 생각해 본다.

또한 모든 세상사가 우리의 의지대로 이루어지는 것만은 아니다. 제갈량이 호로곡에 사마의를 가두어놓고 불더미를 만들 화약을 준비해 놓고도 쏟아지는 비에 무용지물이 되고 말았었다. 물론 작가의 구성 능력이겠지만 하늘은 제갈량에게 사마의의 삶을 거두어가지 못하도록 한 것이다.

그렇다. 우리는 우리가 해야 할 일에 최선을 다하고 기다려야 한다. 또한 모든 일을 섣불리 단정지어서도 안 된다. 盡人事待天命이라 했던가? 최선을 다한 후 하늘의 명(뜻)을 기다려야 하는 것이다.

그러나 사람이 어떤 틀에만 얽매일 수는 없는 일. 우리는 오늘의 노력과 즐거움 그 이후의 또 다른 축복을 위하여 무언가 다른 마무리를 해야 했다. 그 하나의 방법은 역시 입에서 느끼는 즐거움이 아닐까? 설국 여행의 추억을 갈무리하기 위해 일행은 주전골 식당가에 우리를 맡기기로 했다. 그 이후의 상상은 개개인의 몫이다.

이음 대장님을 비롯하여 함께 한 여러분들 즐거웠습니다.

함백산 눈꽃 여행

함백산 눈꽃 산행을 위해 우리를 태운 버스가 정선군 고한읍 고한리 두문동에 도착한 것은 10시 25분쯤 되었을 때였다. 두문동에서 태백시까지 연결되는 도로가 있었으나 눈이 많이 쌓여 있어 더 이상 차량으로 이동할 수가 없었다.

두문동재(싸리재라고도 함)를 통해 태백시로 이동이 어려웠던 것은 눈이 많이 쌓여 차량의 출입이 금지되어 있기 때문이기도 하다. 부득이 싸리재까지는 발목이 빠질 정도의 눈길을 뚫고 걸어야 했다. 산행을 하다 보면 아스팔트길은 경사진 산길보다 다리에 더 부담을 준다.

어떤 이는 완만한 아스팔트길을 따라 이동하고 있었으나 10시 35분경 출발한 우리는 가쁜 숨을 몰아쉬며 30도 정도의 경사로인 지름길을 따라 이동했다. 몇 차례의 아스팔트길을 가로지르며 11시가 거의 다 되었을 무렵 백두대간길인 1,268m에 이르는 두문동재에 도착할 수 있었다.

두문동재는 정선군 고한읍에서 태백시 황지읍으로 넘어가는 옛 도로인 2차로상의 고개이다. 지금은 4차로의 곧은 길이 새로 건설되어 두문동재는 그 도로의 터널 근처 위에 있는 백두대간길의 한 지점이다. 진행 방향 왼쪽(북쪽)은 금대봉 방향이고 우리는 함백산을 가기 위해 은대봉을 향해 남쪽으로 발걸음을 옮겼다.

우리가 밟는 길은 온통 은빛 세상이고 눈높이 위로는 구름 한 점 없이 맑아 한없이 빨려 들어갈 것만 같은 깊고 푸른 하늘이 펼쳐져 있었다. 눈길을 걷는 우리에게 거센 바람소리가 공포감을 주기도 했지만 그렇게 차가운 기온은 아니었다. 남쪽을 향하는 능선에서 태백 쪽으로 나 있는 허릿길을 따르다 보니 바람소리만 요란할 뿐이었다. 산등성이가 북쪽에서 몰아치는 차가운 바람을 막아 줬기 때문이다. 완만하던 길은 위로 오르면서 조금씩 경사를 더하여 가고 있었다.

역시 함백산은 눈산 여행이라 할 수 있을 만큼 버스에서 내리면서부터 눈밭의 길을 따라 올라야 했다. 오르는 동안 5~6m 크기의 나무들은 왜인지 고사枯死하고 1m 크기 정도의 철쭉 무리들은 겨울잠을 자고 있었다. 다만 산대(山竹)와 나즈막한 주목들이 띄엄띄엄 눈을 헤치고 녹색을 빼꼼히 내밀고 있었다.

심한 경사로를 치고 올라 11시 30분쯤 4~500m^2의 평평하고 넓은 해발 1,442m의 은대봉에 오를 수 있었다. 은대봉에서의 살짝 깔린 안개 속 조망은 보는 이를 편안하게 했다. 주변 산들이 높으면서도 이어지는 능선에서 뻗은 눈 덮인 줄기 옆으로 깊은 골들이 죽 이어져 있고 골 아래에는 산골마을이 형성되어 있었다. 멀리에는 비슷한 거리에 비슷한 모양의 안개가 노을져 산등성이들을 살짝 덮고 있어 그 모습이 편안하게 다가온 것이다.

은대봉에서 내리막길은 잠시 경사가 심한 남향받이여서 군데군데 맨살(검은 흙)을 드러내낸 곳도 있었으나 대개는 편안한 눈길이 한참이나 유지되고 있었다. 얼마 후 눈길은 능선 왼쪽으로 약간의 오르막이 이어지고 봉우리를 향해 오르는데 천

함백산의 겨울

년은 되어 보이는 고사 직전의 주목이 햇빛을 반사하며 유혹하고 있었다.

함백산은 눈길 산행을 찾은 많은 인파들로 북적이고 있었다. 우리와는 반대편에서 오는 사람들이 대부분이었는데, 여러 군데서 교행하다 보니 산행 시간도 조금씩은 지체될 수밖에 없었다. 뾰족한 봉을 오르니 저 앞에 함백산 봉우리가 우리에게 손짓을 했다.

봉에서 남향받이의 눈 녹은 내리막 암능길도 한참을 교행하며 평평한 흰 눈이 질펀한 골을 잡아 중식에 들어갔다. 은대봉에서 40여분 정도 지나온 곳으로 지도상에 제 2쉼터에서 점심식사에 들어갔다. 비닐천막 속은 포근한 상태였지만 서쪽 골에서 휘몰아오는 북풍은 매서웠다. 조그만 틈만 보여도 천막을 날리겠다고 으르렁거렸다.

눈밭에서 1시간 30여분을 점심시간으로 할애하고 난 뒤 천막 밖으로 나오니 언제 그랬냐는 듯이 추위가 기승을 부려 옷매무새를 단단히 여며야 했다. 능선 위에 자리를 잡았으니 서쪽에서 몰아치는 골바람인 북풍에 당할 수밖에 없었다.

1시 40분에 일어나 바로 오르막길로 들어섰는데 경사가 제법 심했다. 산행의 많은 부분은 동쪽 허릿길을 따랐는데 이 시간쯤에는 햇볕이 가려진 상태의 산행이었다. 중함백을 넘고 가파른 경사로를 올라 묘한 모습을 한 1,573m의 함백산에 도착한 것은 거의 3시가 되어서였다. 남한땅에서 손꼽히는 높이의 함백산에서의 조망은 사방을 아우를 수 있었다.

함백산 봉우리는 누군가 무지무지하게 큰 바위를 옮겨 놓은 다음 무지한 힘으로 깨뜨려 아무렇게나 던져 놓은 것처럼 모난 바위들로 이루어져 있었다. 그 봉 맨 꼭대기에는 또 누군가가 경주의 첨성대를 본 따 흐트러짐 없이 쌓았고 봉 남쪽 따뜻한 곳에는 터를 닦아놓은 아늑한 자리가 있어 봉우리를 감상할 수 있었다.

어느새 태양은 서쪽으로 기울어가고 우리가 내려갈 길의 눈을 흥건하게 녹이고 있었다. 만항재를 향해 태양을 바라보며 가는 길은 30도 정도의 경사진 눈길이었고 3~400m나 내려왔을까, 조그만 터에서 여지껏 배낭 속에 숨겨놓았던 음식들로 심심한 입을 달래었다.

경사가 완만해지면서 숲이 나타나고 다시 하얀 세상을 걸어야 했다. 눈 쌓인 숲길을 따라 30분 정도 내려오니 아스팔트가 깔린 차로가 나왔다. 이제 만항재에 거의 도착한 셈이다. 그러나 계획한 시간보다 여유로웠던 우리는 길을 가로질러 나즈막한 산길을 택했다. 작은 봉을 두 개 넘어 그 길을 다시 만났고 아이젠을 풀어야 했다.

한라산 그 뒤 1년

흔히들 음식을 허겁지겁 빨리 먹어 치울 때 마파람에 게 눈 감추듯 한다는 표현을 쓴다. 어떤 상황에서 일을 빠르게 처리하는 모습을 자연현상에 빗대어 표현한 선조들의 재치 있는 비유이다. 이 비유에 시간의 흐름을 대입하면 어떨까? 시간의 흐름이 역사의 뒤안길로 게 눈 감추듯 사라진다고.....

사람들은 오늘도 자신의 삶을 위하여 열심히 살아가고 있다. 그러나 그 열심에 비해 시간이 너무나도 빨리 지나가 버리는 아쉬움 때문에 세월의 흐름을 안타까워하는 것은 아닐까?

지난 해 한라산 산행을 아쉬워하며 다시 1년이라는 시간이 흘렀고 그 기억을 되살리며 제주행 비행기에 몸을 실었다. 공항에 도착하기 전 하늘에서 내려다본 제주의 바다는 하얀 새털구름이 빼곡히 깔려 있었지만 흐린 날씨는 아니었다.

제주공항을 출발하여 성판악에 도착한 것은 9시가 살짝 지나는 무렵이었다. 이미 주차장 몇 백m 전부터 차들이 길게 늘어 오늘 산행이 무척 혼잡할 것이라 예상되었다. 우리는 시간에 대한 부담을 안은 채 목적지를 향해 서둘러야 했다.

한라산을 등반하려면 12시까지 진달래대피소를 통과해야 한다. 대개의 경우 9시 경에 등반을 시작하면 12시를 맞추기에 무리가 없으나 오늘은 주차 문제 등 여러 여건이 여의치 않아 20여분이 지난 뒤에야 산행을 시작할 수 있었다.

잠시 들른 공중화장실에는 온갖 쓰레기들이 방치된 채 나뒹굴고 있어 눈살을 찌푸리게 했다. 비단 공단 측의 관리가 소홀

해서만 그랬을까? 산행인 모두가 스스로 산의 주인이라는 생각으로 성숙한 시민의식의 아쉬움을 안고 발길을 옮겼다.

1년 전의 환상을 기대하며 20여분은 5~6도 경사의 길이 유지되어 편안하게 산행에 임할 수 있었고 이제 덜 녹은 눈들이 그 길을 덮고 있어 아이젠을 착용해야 했다.

우리가 가는 길옆의 숲은 한라산에서 자생하는 나무들과 눈으로 덮인 하얀 세상이 잘 어우러져 있었다. 다만 아이젠을 빨아들이려는 듯한 습기 찬 눈길이 약간은 힘들게 하였고 급하다고 발걸음을 빨리하는 것은 더 쉽게 지칠 수 있어 속도를 내기도 어려웠다. 한 시간 정도 산행을 하다 보니 1년 전에는 느끼지 못했던 금강송 무리가 늘어서 있는 모습을 발견하였다.

10시 40분경 속밭대피소에 호흡을 가다듬는데 이곳 화장실 역시 관리가 소홀하였다. 5~6분을 쉬고 오르는 길은 하얀 세상이었다. 이제 약간씩 경사가 생기고 11시 20분경 사라오름대피소를 쉴 사이 없이 지났다. 경사가 좀 더 심해지며 몸이 부대끼니 지루한 산행이 이어졌다.

해발 1,500m의 진달래대피소는 11시 50분경 간신히 통과할 수 있었다. 사실 진달래대피소에서 중식을 해결해야 했으나 제한 시간에 걸릴 것이 불 보듯 뻔했기 때문에 일단은 후미까지 챙겨 대피소를 통과하는 것이 급선무였다.

김밥 한 줄로 아침을 때워 출출하던 터라 500여m 오르다 비닐 천막 안에서 컵라면 국물로 속을 달래고 행군이 이어졌다. 이제 경사가 더 심해지며 물기 없는 눈은 두께를 더하였다.

뽀드득 소리를 연발하는 두터운 눈길을 따르다 보니 바람소리는 거칠어지기 시작하고 안개까지 짙게 깔리며 시정은 흐려지기 시작했다. 게다가 바람에 날리는 눈가루들이 가세하니 50m 앞을 바라보기 힘들 정도였다.

아무리 푸근한 날씨라 해도 몸의 균형조차 잡기 힘들 정도로 불어대는 강한 바람에 볼은 이미 차가울 대로 차가워져 얼얼하였다. 그렇게 푸근함을 그리며 이어가는 산행 속에 1시 10분경 안개가 자욱한 한라산 정상에 오를 수 있었다.

역시 정상에는 많은 등반객들이 모여 있었다. 흐린 시정으로 환상은 날아갔지만 정상에 오른 후의 기쁨은 산행을 하는 이들에게는 모두 같은 마음일 것이다.

이제 1시 30분에는 하산을 해야 된다. 하산을 재촉하는 안내방송이 스피커를 통해 흐르고 후미에 처졌던 산우들이 앞에 이르지 않는다. 다행히 휴대폰으로 연결이 되어 이미 산을 내려가고 있다는 소식을 전해들을 수 있었다.

거친 눈길을 내려가는 동안 앙상한 나무들이 주목들 사이사이로 널브러져 있었다. 눈밭에는 어른 키 정도로 곧게 자란 녹색 주목들이 온 산을 수놓고 있었다. 그렇게 우리 일행은 넓직한 공터에 이르렀다. 공터의 맞은편 산줄기를 따라 이어지는 능선 아래 절경을 사진으로 담으려 하면 흰 구름이 덮였다 걷히기를 몇 차례 설경에 감탄과 아쉬움이 번갈아 흘러나왔다.

구름이 걷힌 상태에서 바라본 건너편은 70도는 될 극심한 경사진 산등성이인데 그 아래로 이어지는 산허리에 많은 발자국들이 이어져 있었다. 사람들의 발자취는 아닌 산짐승들이 몰려다닌 자국일 것으로 생각하였지만 구름이 걷히면서 검은 점들의 움직임은 산악 훈련을 하는 사람들이었다.

그 왼쪽으로는 절벽을 이루는 병풍형태의 바위들이 웅장하게 펼쳐져 흰 눈조차 범접을 허락하지 않은 채 한 자리를 차지하고 있었다. 절경에 넋을 잃고 내려오는 길은 심한 경사였고 산우 한 분이 뒹구는 참사도 있었다. 그 곳을 내려오는 데는 산행인들로 정체가 되어 많은 시간이 달아났다.

내려온 골에는 훈련하는 사람들의 텐트 서너 동이 지키고 있었다. 공터에서 바라본 방향으로 탐라계곡을 건너는 출렁교를 건너 절벽이 이어지는 산허리를 지나야 했다.

산행을 하다 보면 비닐봉지에 누군가가 흘려 놓은 과자껍질을 주워 담는 모습을 볼 때가 있다. 오늘 해 보니 이해할 것 같았다. 3시가 조금 넘어 도착한 삼각봉대피소에도 누군가 먹고 치우지 않은 식품 봉지들이 군데군데 놓여 있었다.

삼각봉대피소를 지나면서는 내리막길이니 힘들어 할 사람도 없고 해서 부찬과 부리나케 아래로 내달렸고 4시 10분쯤 탐라대피소에 이를 수 있었다. 30분 정도는 눈길이 이어졌지만 그 뒤로는 아이젠을 풀고 5시쯤 관음사에 도착할 수 있었다.

하산이 끝나갈 무렵 한두 방울 뿌리던 빗방울이 관음사 주차장에 도착한 후에는 주룩주룩 내리고 있었다. 모든 산우님들이 만난 것은 50분 정도 지난 후였다.

그렇게 그 뒤의 1년을 마무리할 수 있었다. 특히 오늘 산행에서는 눈 위에 버려진 귤껍질, 한 발자국 건너 누군가 놓쳐 버린 과자 껍질들에서 우리의 문화수준을 들킨 것만 같아 한 번 더 반성하는 계기가 되었다.

충북 영동군, 전북 무주군, 경북 김천시에 둘러싸인 민주지산의 설경

한라산 남벽의 설경

다시 찾은 윗세오름 그리고 한라산 남벽

제주시 애월읍의 숙소에서 해안도로를 따라 탁 트인 바다와 제주의 풍경을 훔치며 어리목 주차장에 도착한 때는 10시쯤이었다. 어제의 12명이 모두 같이 했으면 좋았을 산행이 호프만, 부찬, 호프만2, 황수진, 양서각 5명으로 다시 구성된 병력이다.

주차장 가장자리로는 그동안 치운 눈들이 1m 가까이 쌓여 있는 모습을 볼 수 있었다. 많은 눈이 여러 차례에 걸쳐 내린 눈이 쌓인 것이다. 꽉 차진 않았지만 대형버스를 비롯하여 많은 차량들이 우리를 앞질러 와 있었다.

어리목 탐방로 입구는 비교적 깨끗하였다. 주차장에서의 시작은 어제와 비슷하였고 살짝 둔덕을 넘어 어리목 대교를 지나 10여분은 완만한 눈길이 이어졌다.

이제 어제의 한라산 탐방 산행과는 다른 양태인 거의 30도에 이르는 경사로를 따라야 하는 산행으로 이었다. 오늘도 남벽의 절경을 찾기 위해서 1시까지는 윗세오름대피소를 통과해야 한다. 정예병이니 큰 문제는 없을 터이지만 항상 예측 못할 돌발 상황에도 대비해야 한다.

호프만님, 호프만2님, 황수진님 세 분은 앞서가기 시작하고 부찬님과는 뒤에 처져 몸을 고르며 묵묵히 따르고 있었다. 11시경 사제비동산을 지나며 잠깐 15도쯤의 완만한 길이 이어졌으나 이내 다시 경사를 높여가고 있었다.

샘터를 지나 11시 40경 경사는 조금씩 누그러지기 시작하고 주목들의 수도 확연히 줄어들어 띄엄띄엄 얼굴을 내밀고 있었다. 완만한 설원이 시작되며 50분이 조금 지날 무렵 만세동산에 오를 수 있었다.

폭폭 빠지는 만세동산의 눈밭에서는 아이처럼 좋아하는 황수진님만의 시간이 시작되었다. 오른쪽 산등성이의 남쪽하늘 구름 사이로는 햇살이 비치기도 하며 500여m는 사막과 같은 설원이 이어진다.

완만한 설원은 계속되고 실제 만세동산 아래부터 거의 1km는 사막이었고 언덕을 넘으니 윗세오름대피소가 저 앞에서 기다리고 있었다. 여유 있게 시간 안에 도착한 것이다. 대피소는 여러 동이 있었으나 이미 만원이었다.

차라리 중식을 남벽쪽에서 하자는 호프만님의 제안도 있고 해서 우리는 북적거리는 대피소를 벗어나기로 했다. 작년에 시간에 쫓겨 가지 못했던 남벽을 향해 윗세오름통제소 지킴이의 주의사항을 귀로 흘리며 관문을 통과할 수 있었다.

이제 음지를 지나는 동안 구름이 오락가락하고 내륙에서는 상상할 없을 수준으로 높이 쌓여 있었다. 사람의 자취는 우리가 유일하다 싶을 정도였으니 다시 동심으로 돌아간들 어떠리.

우리는 이내 순수에 빠져들었고 유토피아의 생활이 시작되었다. 설악이 신의 손으로 여기저기 놓여진 바위를 조각했다면 한라산남벽은 신의 상상으로 뿌려 만들어진 예술작품이었다. 도저히 손으로는 해낼 수 없는 경이로움이었다. 그 경이로움을 시샘하느라 가끔 구름이 방해를 하고 있었다.

절경에 넋을 잃고 남벽분기점까지 가는 수고로움을 가질 필요가 없었다. 남벽 아래의 설원에서 북쪽에 자리한 남벽에 빠지고 남벽에서 이어지는 능선 위로 솟아오르는 하얀 구름을 느끼며 남쪽 바다 위의 운무 위로 폭발하는 잿빛 구름화산 그리고 서쪽으로는 하얀 사막이 머리를 맑게 해주기 때문이다.

비스듬히 누운 설원에서 몇 바퀴를 굴렀던가? 주변이 뱅뱅 돌고 있었다. 허리까지 빠지는 눈밭 위에서 체면 따위는 필요 없었다. 그저 우리는 설원을 즐기는 무구한 아이들일 뿐이었다. 배고픔도 잊은 채 눈밭을 뒹굴며 눈을 던지고 맞기를....

유토피아에서는 누구나 같은 위치이다. 부족하면 부족한 대로 넘치면 나누면 된다. 소박한 컵라면은 최상의 음식이 되었고 곁들인 인삼주는 신선주로 돌아왔다. 검은 까마귀들도 우리가 부러웠는지 곁을 떠나지 못하고 맴돌고 있었다. 햇볕조차 우리를 축복하느라 눈부시게 금모래를 뿌려주고 있었다.

그러나 곧 도끼자루 썩는 것을 알아차렸고, 충분한 자양분을 섭취한 우리의 이성은 평상심으로 돌아올 수 있었다. 2시 30분경이 되며 우리의 자리를 되돌려 주며 발걸음을 옮겼다.

되돌려 윗세오름대피소에 도착한 것은 거의 3시가 된 무렵이었다. 통제소지킴이는 시간이 다 되어간다고 걱정스러운 표정을 지었다. 부찬님과 호프만2님이 아직 도착하지 않은 것이다. 그들은 다른 팀 중 힘들어 하는 두 사람이 있어 그들과 어려움을 같이 하느라 늦어진 것이다. 중년의 부부 중 부인이 쥐가 나 힘들었던 모양이다.

그 상황에서는 사고의 개연성이 충분히 있다. 우리는 아마추어지만 산행을 하는 사람들이다. 누군가 어려움에 처하면 발 벗고 나서는 자세가 되어 있다. 부찬님, 호프2님은 그렇게 두 사람을 구하고 하산길은 그분들과 한 배를 타야 했다.

윗세오름에서부터 200여m 지나면 언덕을 살짝 넘어 내리막길이다. 내리막에서 썰매를 생각해 왔던 우리는 경사가 약하고 녹은 눈이 미끄럼을 허용하지 않아 한참은 내려와야 했다.

윗세오름에서 1km정도 내려오면 경사도가 조금 높아지며 시작된 놀이에 거의 3km는 즐길 수 있었다. 그러나 숲이 나오면서부터는 위험이 도사리고 그 사이 대피소 물품을 보급하는 사람이 지나며 우리를 제지했다. 눈 위에서는 마찰이 줄어 가속이 붙기 때문에 경사가 심하면 바로 중단해야 한다. 게다가 숲길은 많이 굽어 있어 방향을 잡기가 어려워 더욱 위험하다.

높은 산 속의 날씨는 예측하기 어렵다. 재미에 빠지는 사이 짙은 안개가 주변을 휘감으면서 어둑해지고 있었다. 숲 까지 울창하니 안개 속의 햇빛은 우리에게 다가올 수가 없었다. 짙은 안개를 뚫고 어리목에 도착한 시간은 거의 5시가 다 되어서였다. 우리는 뿌듯함을 안고 목적지로 이동할 수 있었다.

이틀 동안 묵묵히 리딩하신 호프만님 그리고 부찬님, 호프2님, 언제나 밝은 수진님 즐거웠습니다. 오늘은 같이 못했지만 새로 나오신 비단길님, 새길님, 항상 산사우에 바람몰이를 해주시는 노래님, 집안살림 도맡으시는 주주님, 산사우의 미녀 로렌님, 대한민국의 대표 크린요원 투피님, 유머의 최고봉 힘내라님 모두 즐거웠습니다.

후기를 쓰는 지금 다시 또 가고 싶다는 욕심과 항상 그런 곳이 우리를 기다릴 것이라는 희망, 그리고 이상이 현실로 이루어지는 꿈을 꾸며 여러분과 함께 하고 싶습니다.

설악 종주 첫 날

인제군 북면 원통리를 지나면서 산봉우리에는 흰 눈이 비치기 시작했다. 멀면 먼대로 가까운 곳 또한 조금 높이 자리한 산봉우리에서 이어지는 능선자락으로 눈꽃이 잔잔하게 피어 보는 이의 눈길을 끌었다.

우리는 다시 보기 어려울 만큼 아름다운 눈꽃의 향연에 탄성을 지르며 한계령길로 접어들었다. 오색리 주전골에 들어서기까지 우리의 눈길은 좌우의 눈과 눈꽃 그리고 기암들의 조화로움에 넋을 잃기에 충분하였다.

11시경, 아침이라기에는 늦은 이른 점심을 간단히 해결한 다음 오색 들머리에서 산행은 시작되었다. 지난 번 일출을 보기 위해 새벽 4시경 야간 산행을 할 때와는 또 다른 느낌이었다. 산행이 시작되자마자 바로 아이젠을 착용해야 할 만큼 설국으로 진입해야 하는 상황이었다.

그러나 티셔츠 하나만으로도 충분히 온화한 기온과 맑은 하늘이 우리를 반겨주었다. 숙소인 소청대피소까지는 대략 7km의 거리이니 아무리 험난한 길이라도 시간상으로 유유자적하기에 충분했다.

계단길과 눈 덮인 바윗길을 어느 정도 오른 뒤 남서 방향으로 뒤돌아보니 점봉산의 웅장한 모습과 좌우로 백두대간이 이어지는 모습이 들어왔다. 이어지는 대간 능선 위로는 희뿌연 노을이 산등성이를 살짝 덮고 있었다.

그 너머 방태산은 노을 위에 떠 있었고 우리가 오르는 설산

위의 하늘은 푸르다 못해 눈이 시릴 정도였는데, 해가 진 후 초승달이 넘어갈 무렵의 하늘. 세상의 모든 것을 모두 빨아들일 듯 한없이 깊은 그 푸르름이었다. 남설악 너머 인제 쪽으로는 티 한 점 없이 하얀 운해가 잔잔하게 흐를 뿐이고 그 위로 높은 산봉우리 몇몇이 섬인 양 희미하게 솟아 있었다.

경사가 심한데다 하얀 눈이 햇살에 녹으며 아이젠의 뾰족한 날을 붙잡고 애원하니 두어 시간의 산행은 조금씩 힘들어지기 시작했다. 힘든 발걸음을 옮기며 대청봉을 1km 정도 놔두고 바라보니 남서 방향은 그대로인데 동쪽으로는 검정에 가까운 군청색인 불길한 느낌의 바다가 들어왔다. 수평선 위로는 얇은 구름이 띠를 이루며 떠 있었다.

드디어 오른 대청봉은 바위들이 흰 눈을 뚫고 빼꼼히 얼굴을 내밀고 쌀쌀한 바람이 힘을 자랑하고 있었다. 동북쪽의 바다는 역시 불길한 기운이 음산하게 감돌고 인제쪽의 하얀 바다(운해)는 여전히 잔잔했다. 울산바위는 하얀 눈이 범접도 못하는 힘을 보이고 신선들은 그래도 그 눈을 조금씩은 받아주고 있었다.

화채능선 쪽에서 이어지는 외설악, 많은 산과 능선을 아우르는 내설악 그리고 남설악쪽의 많은 봉우리와 능선들은 자연의 신비 그 자체였다. 거기서 이어지는 산자락과 그 골들은 흰 눈과 조화를 이루어 노래님의 표현에 의하면 한 폭의 장엄한 수묵화를 옮겨 놓은 것 같았다.

중청대피소를 향하는 길은 햇볕을 덜 받아 부스러지는 눈길이 아이젠을 밀쳐 조심스럽게 내려가야 했다. 고산 지대 특유의 민둥산은 그저 설원이었고 혼자 쏜살같이 달리던 부찬님을 대피소에서 만남으로써 우리는 다시 뭉칠 수 있었다. 중청대피소에서 잠깐의 쉼을 허용하고 소청으로 향했다.

외설악과 속초 시내 그리고 공룡능선을 흘깃거리며 지나는 설산의 모습은 그 무엇으로 형용할 수 있으랴! 하얀 도화지에는 사물들의 희미한 음영과 외양만이 그 형태를 구분할 수 있을 만큼 비치었고 조금 큰 나무들은 흰 눈을 힘겹게 받치고 있었다.

소청에서 용아장성 쪽은 통제 구간이었고 우리는 소청대피소로의 심한 경사길을 내려갔다. 소청 대피소에는 4시경 도착할 수 있었는데 그 시간에도 대피소 식당은 많은 사람들로 북적거렸다.

우리가 살아가며 맺는 사람 사이의 관계나 또 이로부터 얻는 경험들은 굉장히 중요하다. 특히 정을 소중하게 여기는 민족성을 가진 우리나라 사람들은 지연이나 학연 혹은 같이 오랫동안 맺어온 관계를 십분 활용하는 경향이 있다.

이번 설악 산행에서도 송인봉 님이 오랫동안 많은 사람들과 쌓아두었던 교류 덕분에 우리는 대피소에서 많은 도움을 받을 수 있었다. 게다가 그는 비용까지 더 분담하는 등 우리에게 많은 호의를 베풀었다. 아마도 그의 설악 생활도 그런 인간관계가 작용하지 않았을까 생각해 본다.

아무튼 식당이 비좁은 탓에 옥외에서 이른 저녁 식사를 하였지만 우리는 서너 시간을 성찬에 담글 수 있었다. 적당히 취한 상태로 8시에 숙소에 들었으나 여럿이 합숙하는 상태여서 쉬이 이루지 못하는 잠으로 부찬과 살짝 빠져나와야 했다.

소주 한 병을 마시고야 자리에 들었지만 그것이 여러 사람에게 폐를 끼치는 결과를 초래했다. 미안함과 함께 설악 종주에서의 첫날을 추억으로 남기고 수면으로 빠져들 수 있었다. 다음날 상황으로 보아 다른 이들도 잠을 못 이루기는 마찬가지였던 모양이다.

설악 종주 둘째 날

익숙한 집을 떠난 바깥에서의 잠자리는 불편하기 짝이 없다. 소청대피소에서 4시간 정도 수면을 취한 후 새벽 1시 30분경 일어난 몇몇은 설산의 어둠을 뚫고 0.7km의 봉정암으로 향했다. 지기님이 봉정암 사리탑에 산사우의 모든 산행과 오늘 있을 산행의 안전을 기원하는 9배를 올리고 다시 소청대피소에 도착했을 무렵에는 새벽 4시 가까이 되었다.

산장 대피소는 여러 사람이 이용하는 시설이다 보니 서로에 대한 예의가 필요하다. 한 칸의 방에서 10명이 합숙하는 데다 다른 방과 복도를 같이 써야 하는 상황이어서 자칫 다른 사람에게 피해를 줄 수 있다. 암자에 다녀와 잠깐 눈을 붙이고 5시 30분 기상하여 떡만두로 아침을 해결한 우리는 다음날의 일정에 들어갔다.

설악의 새벽 공기는 상쾌했지만 비가 오리라는 예보가 있어서인지 하늘에는 짙은 그림자가 드리워져 있었다. 아침 공기는 한겨울처럼 매서운 날씨는 아니었으나 새벽녘에 봉정암을 다녀올 때보다는 약간 쌀쌀해져 있었다. 7시 30분에 시작된 이른 산행은 대피소에서 4~500여m의 거리인 소청봉을 향해 경사진 오르막의 눈길을 따라야 했다.

소청에서 심호흡을 한 후 희운각을 향해 갈림길을 따르는 눈길은 경사가 심한 내리막이었다. 내리막길은 교행이 어려울 정도로 비좁고 경사가 심한데다가 눈까지 많이 쌓여 있어 초장부터 힘을 빼야 했다. 계단길은 살금살금 내려가면 되지만 많은 구간을 엉덩이까지 다섯 개의 발을 이용해야만 했다. 보기에는 우스꽝스러울지 모르지만 알고 보면 무릎의 부담도 줄이고 또 다른 재미를 느낄 수 있는 방법이었다.

처음 시작부터 일행은 출발 시간에 약간 차이가 있었고 소청봉에서는 더 벌어졌다. 한 분이 먼저 앞서갔고 중간의 세 명은 산행을 음미하는 데 최선을 다했다. 아마도 후미팀과는 많이 벌어지는 산행이 이어졌을 것이다.

우리 셋은 신선대의 건너편에 다다라 눈앞에 펼쳐진 신선들의 놀이터를 바라보며 눈으로만 담기에는 아까운 절경에 연신 카메라셔터를 눌러댔다. 그렇게 여유를 부리며 비탈길을 따라 9시 가까이에 도착한 희운각대피소에서는 미리 도착한 한성님이 산사우를 선전하느라 여념이 없었다.

희운각대피소에서 차 한 잔을 마시는 동안 후미팀과 합류하였고 9시 30분쯤 다시 출발할 수 있었다. 애초 계획했던 공룡능선은 출입이 통제되어 있어 절경을 포기하고 양폭폭포 방향으로 발길을 돌려야 했다. 이제 경사진 길은 녹은 눈이 간간이 얼음으로 변하여 산행의 어려움은 배가되었다.

겨울 산행 도중에 잠시 길을 벗어나 눈 속에 파묻히는 기분을 아는가? 네 분 미녀들은 송인봉 님의 근육질 몸매를 호시탐탐 곁눈질과 재치로 유혹하고 급기야 송 대장님은 눈 속에 묻혀버리는 참사도 겪어야 했다. 천당폭포를 거쳐 내려오는 길은 깊은 계곡을 따라 양폭대피소에 도착할 수 있었다.

중청대피소는 대청봉의 동쪽 방향을 제외하고는 여러 방향을, 소청대피소는 북쪽의 내설악 방향을 아우르고, 희운각대피소는 묵직한 야산의 깊은 골이었다면, 여기 양폭산장 대피소는 기암들로 이루어진 깊은 골의 아기자기함을 감상할 수 있는 곳이었다.

우리는 양폭대피소에서 30여분 정도 쉬며 맞은편 기암들을 감상하고 차 한 잔의 여유를 누렸다. 내려오는 길은 경사가 심하지는 않았지만 계곡 왼쪽의 산허릿길을 따라 눈 덮인 바위들만이 이어져 있어 다소 지루한 산행길이 되었다.

천불동계곡은 소설 속의 상상으로 유비가 방통을 군사軍師로 삼아 낙성으로 진격하던 도중 서천의 젊은 장수 장임의 매복에 걸려 방통이 전사한 낙봉파落鳳坡가 연상되는 비탈길이다. 거친 바위산을 왼쪽에 두고 오른쪽 아래로는 흰 눈으로 덮인 계곡이요 계곡을 중심으로 양 옆은 절벽에 가까운 산악이 이루어지고 있었다.

계곡 위의 기암들은 여전히 주위를 맴돌고 지루할 정도로 눈 덮인 산행길을 내려오다 보니 때 이른 봄의 소리가 들려오고 있었다. 오른쪽 계곡으로 눈을 헤치고 녹은 물이 졸졸 흐르고 있었던 것이다. 아이러니일까? 5월의 설악에 올라 추위로 고생하던 때가 있었는데, 오늘은 정월의 봄이라!

비선대휴게소를 지나서도 한참을 내려와서야 아이젠을 풀 수 있었다. 하늘은 약속대로 빗발을 뿌리기 시작하고 질퍽해진 진창길을 내려오다 보니 어느덧 신흥사에 이르렀다.

주전골에는 우리가 애용하는 흘림골 식당이 있는데, 주인은 오늘도 우리를 위해 주전골에서 소공원 주차장까지 와 낙산해안의 동해바다에 우리를 내려줬다. 자연산 도다리라는 생선회

3접시는 게눈감추듯 사라졌고 우리는 촉촉이 내리는 비를 맞으며 넓은 백사장과 끝없이 펼쳐지는 바다에 산행의 고단함을 날려버렸다.

한성님과 송인봉 님은 울퉁불퉁 솟은 맨살의 곡선을 보이며 바다에 뛰어드는 용맹을 보였다. 그 위용은 여성들만이 아니라 백사장의 뭇 남성들도 넋을 잃을 지경이었다. 식당 주인은 우리를 차에 태우고 소공원부터 낙산의 바닷가까지 태워다 주고 기다렸다가 다시 주전골까지 4~50km의 거리를 할애했으니 우리는 그의 깊은 배려에 고마워해야 했다.

흘림골 식당에서 자연산 재료로 푹 삶아낸 토종닭 백숙에 곁들인 소주 한 잔은 바닷가에서 마신 것까지 상쇄시키는 듯 우리들의 속을 편안하게 해주었다.

각흘산의 하루

각흘산은 철원군 갈말읍과 서면 그리고 포천시 이동면이 둘러싸고 있는 병성지맥의 한 구간이다. 때마침 친구가 산행을 계획하고 있다는 반가운 소식을 접하고는 선뜻 발을 내디뎠다. 아직은 쌀쌀한 3월의 아침 공기가 코끝을 스쳤지만 오히려 등산객들이 많지는 않아 북적이지 않을 것이라는 좋은 예감을 안고 출발하였다.

각흘산은 사람들에게 많이 알려지지 않은 산인데다가 서울에서의 거리도 있고 교통편도 접근이 쉽지 않은 산이다. 포천시 이동면을 지나 철원군 서면 자등리의 민가가 거의 없는 생무골 조용한 들머리에서 10시 10분에 산행은 시작되었다.

쌀쌀한 남풍이 옆을 스쳤으나 따뜻하고 맑은 햇볕이 등 뒤로 쏟아 주는 봄기운을 느끼며 바로 경사로에 접어들었다. 주변의 활엽수들이 동면 상태인 황량하기만 한 경사로를 따라 20여 분이 지나자 등산로는 다시 잠깐 완만해진다.

호흡을 가다듬고 흙길을 오르다 보니 서울에는 만개한 곳도 있는 진달래가 이제야 꽃망울을 머금어 늦은 봄소식을 알려주고 있었다. 남풍을 옆으로 맞으며 암릉을 거쳐 10시 50분께 능선에 오를 수 있었다.

이제 100여m의 심한 경사로를 오르니 소나무 몇 그루만으로도 주변의 삭막함이 사라지고 30m^2 정도의 공간에서 우리 일행은 처음으로 목을 축일 수 있었다. 곧 각흘봉이 저 앞에서 손짓하는 것만 같았으나, 아쉽게도 각흘봉은 각흘 계곡에서 오르는 코스에 있다 하니 우리와 만나지는 못하였다. 그 뒤 한참 진행해서야 각흘산 정상이 나타난다.

10분 출발하여 잠깐 짧은 암벽이지만 약간은 부담스러운 또 하나의 봉을 넘으며 능선에 오른다. 우리가 올라온 뒷방향으로는 골을 따라 이루어진 농촌 마을이 이어진다. 저 앞 각흘봉으로 착각한 봉우리를 잇는 밋밋한 능선이 보이고 우리는 편안한 능선길을 오를 수 있었다.

이따금 선선한 남풍이 불어 등에 흐르는 땀을 닦아 주며 황량한 동면 상태의 갈참나무숲을 지나니 26분경에야 잣나무군이 하늘을 덮는 신선한 숲에 이를 수 있었다. 이곳에서 우리 일행은 배낭을 풀어 이른 점심을 해결한 다음 50분에 오후 산행이 시작되었다.

잣나무 숲의 급경사를 100여m 오르니 이제껏 보이던 참나무 한두 그루와 키낮은 나무들 조차 사라지고 바로 민둥산이 나온다. 12시에 암봉을 살짝 넘고 또 하나의 봉을 넘으니 사방이 조망되고 십자를 그려 넣은 측량원점 표지석이 나온다.

동쪽의 맞은편은 기상 관측소가 있는 광덕산이 보이고 이어지는 한북정맥길을 따라 백운산과 삼각봉 그리고 도마봉이 눈에 들어온다. 더 멀리 남쪽으로는 국망봉 등이 그 뒤로는 아마 명지산일 것이다. 오른쪽 발아래로는 용화지가 얼굴을 드러내고 그 너머로 갈말읍 신철원리 시가지며 철원의 금학산도 높이 솟아 있다. 진행 방향으로는 명성산의 아기자기한 자태도 뜨인다.

능선길 양옆으로 10여m는 나무와 풀들이 모두 베어져 있고 그 능선길에서 갈라진 여러 줄기 중에 세 줄기의 능선이 나무는 커녕 풀 한 포기조차 없는 누르스름한 맨살을 드러낸 채 이어져 내려갔다. 우리가 가는 능선은 3~4 km는 되지 않았을까? 마른풀이 싹이라도 돋으면 나올 텐데 아직 산은 겨울잠에서 깨어날 줄을 모르고 있었다.

바위들이 불쑥불쑥 솟아 있는 능선길에는 흙먼지가 날리고 가끔은 기암들도 능선을 따라 박혀 있었다. 이제 발아래로 자궁이 연상되는 용화저수지의 전모가 드러났다. 지난번 명성산 들머리로 삼았던 용화지의 주변 환경은 정리가 되지 않은 채 어수선하였으나 오늘 위에서 바라본 용화지는 아름답다고까지 느껴지니 사물의 모습은 어디서 바라보느냐에 따라 그 느낌이 달라지는 것 같았다.

12시 40분, 각흘산 정상이 350m 남았다는 이정표 앞에 서니 우리가 지나온 방향은 출입이 제한된 곳임을 알 수 있었다. 44분 각흘산 정상에서 다른 팀과 만날 수 있었고 이제 신철원리 시가지의 모습도 명성산도 선명하게 들어왔다.

암능 같지 않은 암능을 넘어 1시가 거의 되어 다시 흙먼지 날리는 흙길능선이 계속 이어진다. 1시 5분 이정표를 지나면서부터는 갈참나무숲이 이어지고 20분부터 심한 내리막길이 나타난다.

더위마저 느껴지는 오후의 햇살을 시원하게 잡아주는 남풍과 함께 30분경 급한 오르막 암능을 잠깐 넘어서자 나무계단이 있는 급경사 내리막길이 나타난다. 조그만 봉을 넘고 넘어 능선을 따라 37분경 내리막이 시작되어 건너에는 급경사의 명성산 방향의 산이 나타나고 숲 사이로 농로가 보이는 임도가 얼핏 비친다.

잠깜 쉬고 내려오니 2시경 약사령 삼거리와 신철원(용화저수지 지나)을 연결하는 약사령 고개에 도착한다. 약사령 고개에는 궁예가 문란한 정치로 인심을 잃고 부하인 왕건의 정변으로 이곳에 은거하다 패하여 온 산이 떠나가도록 울었다 하여 붙여진 것이 명성산이라는 안내문이 있었다.

애초의 계획은 명성산 방향으로 산행을 하다 느치고개 쪽으로 가려 했으나 같은 산우 한 명이 힘들어 하여 부득이 용화동으로 향했다. 약사령에서 임도를 따라 15분쯤 계곡물이 졸졸 흘러 발을 담그니 아직은 끝나지 않은 겨울을 느낄만큼 맨발이 금세 짜릿해진다.

30여분 아스팔트길을 걸으며 3시쯤 용화저수지에 다다랐고 4시 가까이 되어 우리가 탈 차가 도착하여 고단한 아스팔트로부터 벗어날 수 있었다. 차에 몸을 싣고 갈말읍에 도착하니 마침 5일장이었다. 한 식당에서 일행은 우리 고유의 맛을 느낄 수 있는 손두부 음식과 막걸리 몇 잔에 산행의 피로를 가실 수 있었다.

각흘산의 기암과 민둥능선

금학산과 수태극

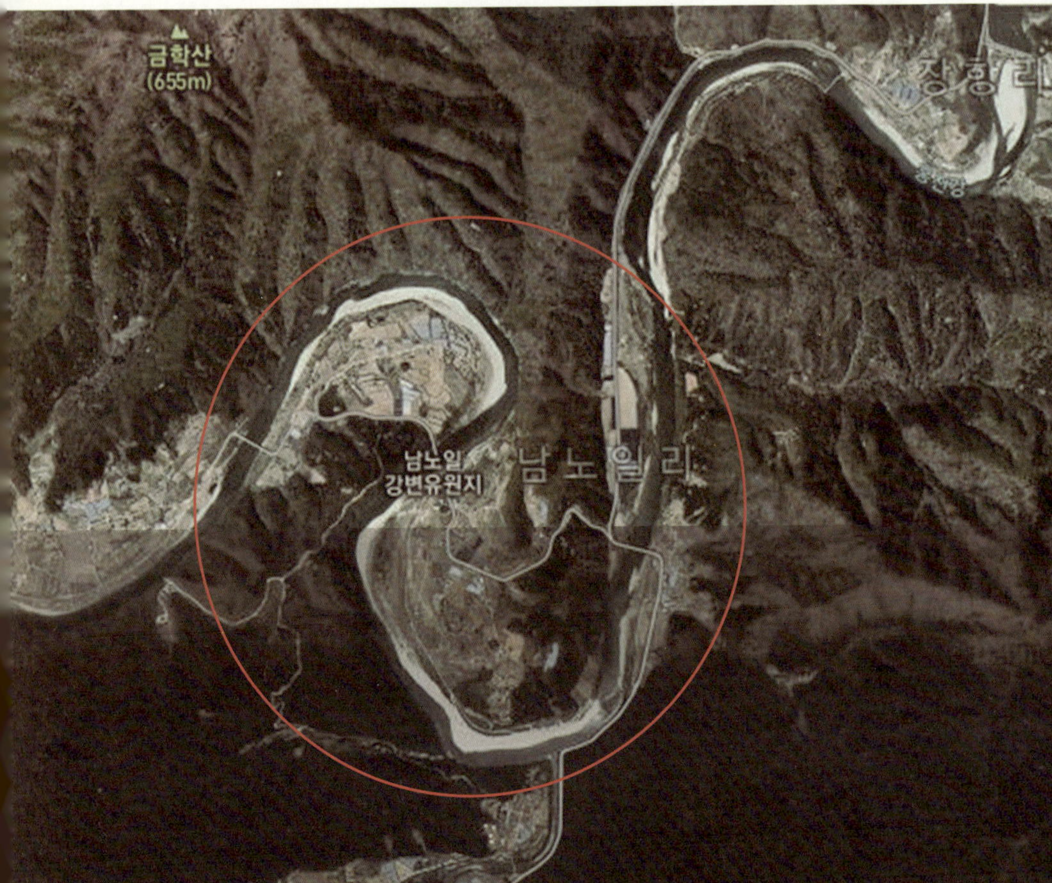

홍천강은 금학산에서 바라볼 때 홍천군 남면 노일리에서 아름다움과 자연의 부드러움을 보여준다. 이 부근에서 물길의 흐름이 태극모양이어 수태극數太極이라 한다.

금학산

3월 중순의 아침 바람은 아직 옷깃을 여며야 할 만큼 쌀쌀했다. 2주 전 산행에서 조그만 움직임에도 땀이 났던 터라 추위는 걱정하지 않았으나 혹시 하는 마음으로 겨울용 점퍼를 준비하였으니 다행이었다.

이른 시간인 아침 7시, 강원도 홍천군 북방면 역전평리로 향하는 버스에 몸을 실었다. 1시간 30분 정도면 도착할 수 있는 여유로운 출발이다. 가평 휴게소에서 아침식사를 위해 자리를 폈는데 쌀쌀한 기운이 몸을 움츠러들게 하였고 총무님이 준비한 따끈한 국물로 몸을 녹일 수 있었다.

휴게소를 출발한 버스는 금학산을 향하여 막힘없이 달렸다. 금학산은 홍천군 북방면 역전평리, 원소리, 굴지리, 남면 노일리 등으로 둘러싸인 산이다. 산세의 아름다움도 있지만 태극 모양으로 돌아 흐르는 홍천강으로 인해 더욱 각광받는 명산이라 할 수 있다.

홍천강은 홍천군 동쪽 끄트머리인 서석면 생곡리라는 마을의 미약골에서 실개천으로 시작한다. 굽이굽이 돌아 강폭이 넓어지면서 내촌면을 지나 홍천의 모든 면을 거쳐 금학산 정상에서 바라볼 때 북방면 남노일리에서 아름다움이 절정에 달한다. 굽이쳐 흐르는 모습이 태극 모양이어서 수태극水太極 이라 한다.

홍천강은 금학산을 거쳐 흐르며 팔봉산을 굽이쳐 돌아 춘천시 남면 관천리에서 북한강과 합류하면서 한강의 본류에 합류해 가는 것이다.

역전평리의 산행들머리에는 9시 20분경 도착하여 30분에 산행이 시작되었다. 사실 산행들머리로는 홍천강변을 따라 이동하여 강을 관망하며 굴지리나 남면 노일리 쪽에서 시작하는 편이 조망은 좋았을 텐데 좀 아쉬운 부분이었다.

이날 산행은 25명으로 시작하였으나 끝까지 완주한 사람은 7명에 불과했다. 결국 많은 이들이 산행을 하기 위해서라기보다는 여행을 한다는 생각으로 이곳에 온 것 같았다. 그래서 산행들머리를 잘못 택했다는 생각이 더 지배적이었던 듯하다.

7명이야 굽이굽이 흐르는 홍천강의 아름다움을 즐길 수 있었지만 나머지 분들은 그저 숲속의 맑은 공기를 흠뻑 마시는 것으로 만족해야 했다. 응달받이인 들머리의 골에는 내린지 얼마 되지 않은 눈이 남아 있었는데 그만 그 눈 때문에 입구에서 산행을 포기하는 사람도 있을 지경이었다.

그러나 이내 눈은 기미도 보이지 않고 30도 정도의 경사로를 따라 500여m 정도 이동하니 곧 능선에 이르렀다. 능선에 오르며 경사는 완만해지고 거의 흙길이어서 편안한 산행을 이어갈 수 있었다. 다시 조금 올라 다른 줄기의 능선을 만날 수 있었고 1km 정도의 지점인 굴지리에서 올라오는 용삼고개 능선과 만날 수 있었다.

이제부터는 금학산 정상까지 남쪽을 향해 한 방향으로만 가면 되는 외길이다. 가끔 평지 같은 숲길이 나타나거나 약간의 경사길도 있었으나 대체로 편안한 산길이 이어졌다.

가랑잎이 깔려 있는 언덕길이 많아 가랑잎 밑에 숨어 있을 지도 모를 얼음 때문에 신경을 쓰기는 하였으나 산행은 무리 없이 이어졌다. 서너 곳의 경사가 심한 봉우리를 제외하면 거의 편안한 길이다. 그러나 금학산 정상에 속한 봉우리만큼은 경사도 심하고 약간의 암능도 거쳐야 했다.

652m의 산 정상에 오른 것은 11시 25분이었다. 9시 25분에 산행을 시작하여 거의 2시간 가까이 걸린 셈이다. 산의 경사도에 비하면 느린 걸음은 아니었다. 사실 1시까지 내려가야 한다는 강박 때문에 후미 팀과 잠깐씩 만나느라 지체한 것 이외는 거의 논스톱이었다.

정상에서 많은 산행객들은 정상주頂上酒의 맛에 빠져 있든가 아니면 굽이치는 홍천강의 모습에 매료되어 정상석을 중심으로 사진을 촬영하기 위해 줄을 서 기다리는 모습들이었다.

우리가 정상에서의 상쾌함을 즐기는 동안 일곱 분 중 세 분이 10여분 후 땀을 뻘뻘 흘리며 올라왔다. 우리 팀도 산우애가 발동하여 정상주에 빠지다 보니 어마 뜨거라 11시 50분이다. 나머지 분들은 뒤에 천천히 내려오도록 한 다음 돈희와 부리나케 내달리기 시작했다.

그러나 4.6km를 1시간에 달리는 것은 굉장히 촉박하였다. 그러나 하는 데까지는 해봐야 한다는 생각으로 한참을 내려오다 보니 돈희의 심장 상태가 좋지 않은 것 같았다. "시산제 참석에 좀 늦으면 어떠냐. 쉬자." 마음은 급했으나 돈희를 안심시키며 속도를 줄여 내려오기 시작했다.

그렇게 하산 지점 1.5km에 이르니 시산제 시간 14분 전이었다. 시산제를 주관하시는 분이 내가 참석하기를 기다리는 전화까지 오는 마당에 할 수 없이 뒤에 내려오던 분들을 돈희에게 부탁하고 시산제 장소 도착할 수 있었다.

연세 지긋하신 000님의 주도로 제가 1시간여에 거쳐 집전되었는데 나로서는 처음 겪어 보는 시산제라 할 수 있다.

제가 끝나고 뒷풀이가 한창 무르익었을 무렵 70대 중반의 노부부가 흥에 겨운 나머지 음악에 맞춰 춤을 추기 시작하였다. 같이 산행은 하지 못했지만 노부부의 동행하는 모습이 잔잔한 감동을 일으켰다. 뿐만 아니라 느즈막에 스포츠댄스를 하고 있다며 그동안 익힌 실력까지 보여 주었다. 인생의 50년 고락을 함께 한다는 것이 얼마나 아름다운 일인가?

80명이 참석한 시산제에 25명이 산행을 시작하여 7명만이 완주하는 것이 그저 산이 좋아 산행을 하는 나로서는 이해하기 어려운 일이었다. 첫술에 배부를 수는 없겠지만 혹시 기회가 되어 다시 그들과 동행할 수 있다면 모든 분들을 산행에 참여하게 하고 싶다는 생각을 하며 오늘 하루를 정리한다.

용문산

갈수록 미세먼지의 농도가 높아지는 날의 횟수가 잦아진다. 완연한 봄이라고 하지만 외출이 걱정될 만큼 대기는 먼지로 뿌옇게 덮여 있을 때가 많다. 게다가 날씨마저 시간의 흐름을 잊어버린 듯 평년 기온을 웃돈다는 뉴스가 매년 반복되고 있다. 그만큼 우리의 자연환경에 많은 변화가 나타난다는 반증이다.

어린 시절 우리는 황사라는 말이 2, 3월이면 가끔씩 찾아오는 정도였었다. 그러나 언제부터인가 몽골의 사막화지역이 넓어지지면서 모래바람은 시도때도 없이 한반도에 유입되어 우리를 걱정스럽게 하고 있다. 게다가 최근 몇 년 전부터는 중국의 급속한 공업화로 화석 연료의 사용이 급증하면서 한반도의 대기의 질을 악화시키고 있다.

오늘도 제3한강교를 건너며 바라본 주변은 자욱한 안개에 싸여 있었고 목은 칼칼하게만 느껴졌다. 그러나 우리의 산행은 멈출 수가 없다. 춘분인 오늘 오전 8시의 태양의 고도는 많이 높아졌고 약속 시간에 맞추어 장소에 도착할 수 있었다.

미세먼지의 영향으로 사람들이 밖으로 나서지 않아서인지 경춘 고속도로는 시원하게 뚫려 있어 10시 경에 용문산의 사나사 입구 산행들머리에 들어설 수 있었다. 10분 후 산행을 시작하니 계곡을 흐르는 맑은 물이 가슴을 상쾌하게 해주고 아직은 앙상한 숲이지만 완연한 봄기운을 맞으며 산행을 이어갈 수 있었다.

20여분은 10도 정도의 경사로여서 편안하게 진행되었고 이제 조금씩 자잘한 돌을 길에 끼워 맞춘 듯한 돌길이 이어진다. 계곡의 얼음 아래로 물이 졸졸 흐르고 관목숲길을 따라 가랑잎과 자갈이 혼재하는 거친 길이다.

30분 정도 올랐을 즈음에는 계곡의 얼음이 녹지 않은 모습도 보이고 있었다. 11시가 되었을 무렵 경사는 심해지고 2km 이상을 올랐는데도 계곡에는 물이 졸졸 흐르고 있어 높은 산임을 실감할 수 있었다. 계곡을 비껴 벗어나자 검은 흙과 돌이 혼재하는 심한 경사로가 나와 잠깐 숨을 가다듬어야 했다.

계곡물 소리는 멀어지고 오른쪽 백운봉 방향의 따사로운 햇볕이 등을 적시는가 하면 어느새 서풍이 그 땀을 날려 버린다. 산등성이 너머로 미세먼지는 여전하고 언 땅은 완전히 녹았지만 주변은 온통 회색빛 숲이다.

벌써 시간은 35분을 가리키며 잠시 가쁜 숨을 잠재워야 했다. 잠깐의 휴식은 고단한 산행의 힘을 채워줬고 가랑잎 깔린 흙길이 나오며 56분경 능선에 오르니 완만한 길로 접어든다. 심한 경사로를 20여분 올랐으니 거의 6~700m는 3~40도의 경사로였을 것이다. 58분에 간편식으로 점심을 해결하고 12시 20분에 오후의 산행이 시작되었다.

봉 같지 않은 봉을 넘으니 가랑잎 아래에 숨어 있던 얼음이 미끄러짐을 조심하라는 암시를 해 줬고 암능도 살짝 넘으니 가을에 스러졌던 산풀들이 아직 흰머리칼을 버리지 못하고 있었다. 가랑잎을 밟으며 오르다 보니 다시 능선과 만나고 12시 40분을 가리키며 잠시 후 이정표가 있는 삼거리의 봉을 넘을 수 있었다.

사나사 입구에서 3.6km를 올라왔고 거치지 않은 백운봉과 용문산의 갈림길인 삼거리이다. 점심시간과 휴식 시간을 빼면 2시간 정도 길린 셈이다. 10여 분 쉬고 평지와 같은 길을 걷다 보니 고산지대 응달의 얼음길을 봄바람이 살살 녹이고 있었다. 주변에 마른풀이 깔린 질척거리는 들판 같은 길을 지나 잠시 빡세게 넘어 완만한 길을 거쳐 1065m의 장군봉에 오르니 1시 12분이었다.

미세먼지는 사그러들 기미가 안 보이고 봉을 하나 넘으니 드디어 용문봉이 멀리서 손짓하고 있었다. 내리막의 살짝 얼음 깔린 길을 지나 다시 완만한 길을 거쳐 암능도 잠깐 거치는데 서북풍이 시원함을 선사해 줬다. 1시 35분 용문산을 1km 앞둔 군부대 앞 갈림길에 도착했다.

동, 남, 서 방향이 모두 트이고 하얀 가을풀이 지천으로 깔린 높은 곳이다. 그러나 오늘도 용문봉에 오르는 것은 접어야 했다. 잠시 가다듬고 군부대를 돌아 아스팔트길에 도착하니 1시 50분이다.

내려오는 길은 평평하였고 마음을 평화롭게 해 주었다. 소나무 숲길을 따라 흥겹게 내려오다 보니 어느새 2시 50분경이었고 양평군 옥천면 용천리 소재의 배너미고개에 도착할 수 있었다. 7.3km를 4시간 30분만에 진행하였으니 여유로운 산행이었다.

2명은 배너미고개에서 차로 이동하였고 오늘 산행이 아쉬웠던 3명은 아스팔트 길을 따라 어비산 방향으로 30여분 이동하다 차에 오를 수 있었다. 미세먼지로 짙은 안개에 아직은 봄기운을 찾기 어려운 삭막한 숲이 재미없을 것 같은 산행이었지만 그 안에서 또 다른 여유와 평화로움을 느껴볼 수 있었던 산행이었다. 2015. 3. 21

투병기

대부분의 사람들은 몸의 상태가 특별히 이상이 없는 한 항상 건강한 것으로 생각하며 살아간다. 이상이 없기를 바라는 마음으로 살아간다는 게 정확한 표현일 것이다. 바쁜 일상에 묻혀 살다보면 불편한 곳이 없는데 굳이 그쪽으로 신경을 쓰고 싶지 않을 수도 있다. 대부분의 중병, 그중 암이라는 녀석은 병세가 많이 발전되고 나서야 이상 징후가 나타난다.

그러니 이 상태가 되기 전에 귀찮더라도 정기적인 검진과 운동으로 예방하는 것이 최선일 것이다. 지금 건강한 것 같더라도 우리 몸의 어딘가에 항상 도사리고 있는 것이 질병이다.

허구한 날 술에 찌들어 있다가 어느 날 친구의 권유로 건강검진을 하게 되었다. 일반적인 검진에 비용이 조금 추가되는 대장이나 폐 중 추가항목을 하나 선택하기로 한 검진이었다.

가족력이 없는데다 가래와 기침이 심했던 나는 폐를 추가하기로 하고 초음파에서부터 내시경까지 모든 검진이 하루에 완료된다고 하여 전날 장청소 등 병원 측에서 요구하는 사항을 따르고 4월 6일에 검진하기로 했다.

그런데 당일 아침 또 다시 옵션에 대한 선택사항을 말해 주었다. 대장내시경에 대한 옵션을 강조하는 것이다. 그제서야 나는 나이, 그동안의 식습관 등을 생각하고 예감이 이상하여 폐에서 대장내시경으로 바꾸기로 했다. 초음파까지 마친 다음 기왕 대장내시경을 하려면 위내시경을 같이 하자 하여 전날부터 고생은 했지만 4월 13일에 다시 하기로 하였다.

위내시경과는 달리 대장내시경은 전날 점심식사에 흰쌀죽을 끝으로 다음날 내시경 전까지는 음식물 섭취를 못하게 하였다. 그러나 우유부단한 나의 성격이 그만 점심을 죽이 아닌 음식을 섭취하였다. 부득이 음식조절을 잘못하여 다시 한 주 연기하여 4월 19일로 검진받아야 했다.

4월 18일 죽으로 점심을 해결하고 금식과 장청소를 한 뒤 다음날 검진에 임했다. 검진을 마친 뒤 담당의가 동영상을 보여주며 종양이 있으니 전문의를 찾으라는 소견을 밝혔다.

지정해 준 병원에서 조직검사를 하여 대장암 진단을 내렸고 바로 입원하여 환자복으로 갈아입는 신세가 되어버렸다. 조금은 덤덤한 기분이었지만 많은 생각이 교차되었다.

하략 ….

적당한 운동은 스트레스를 줄여주고 신체의 면역력을 높여준다고 한다. 따라서 운동의 일환인 산행의 중요성을 알리고 싶어 투병기의 일부 내용을 소개했다.

직장암 수술을 받은 후 의식을 회복하고 조금씩 움직이면서 장기와 연결한 배변호스, 등을 온 몸에 감고 영양제주사 받침대에 의지하여 병원 옥상으로 향하고는 했었다. 바로 투병 중 산행의 시작인 셈이다.

지인중 말기암 환자로 8회의 항암치료를 받으라는 의사의 진단을 받았으나 2회만 받고 산으로 들어갔다 했다. 그는 10년여 산중 생활을 하면서 지금은 완치되어 건강한 생활을 하고 있다. 물론 전적으로 산행이 능사는 아니겠지만 면역력을 높이는 한 수단일 수는 있을 것이다.

가을이 깊어가는 설악

저 산이 나를 부르는데

2015년 11월 25일 1판 1쇄 인쇄
2015년 11월 30일 1판 1쇄 발행

글쓴이 / 신 대 영
사 진 / 장 문 수
발행처 / 양 서 각
주 소 / 서울특별시 도봉구 도봉로 135갈 10(쌍문2동 716-27)
등 록 / 제3-412호
전 화 / 02-991-6234~5
F A X / 02-907-2114
E-mail / ysgbook@hanmail.net

ISBN 978-89-5568-429-2

정가 12,000 원